국가공인한자자격시험관리기관시행
교양한자급수시험 대비 수험서

최고의 적중률을 자신합니다!!

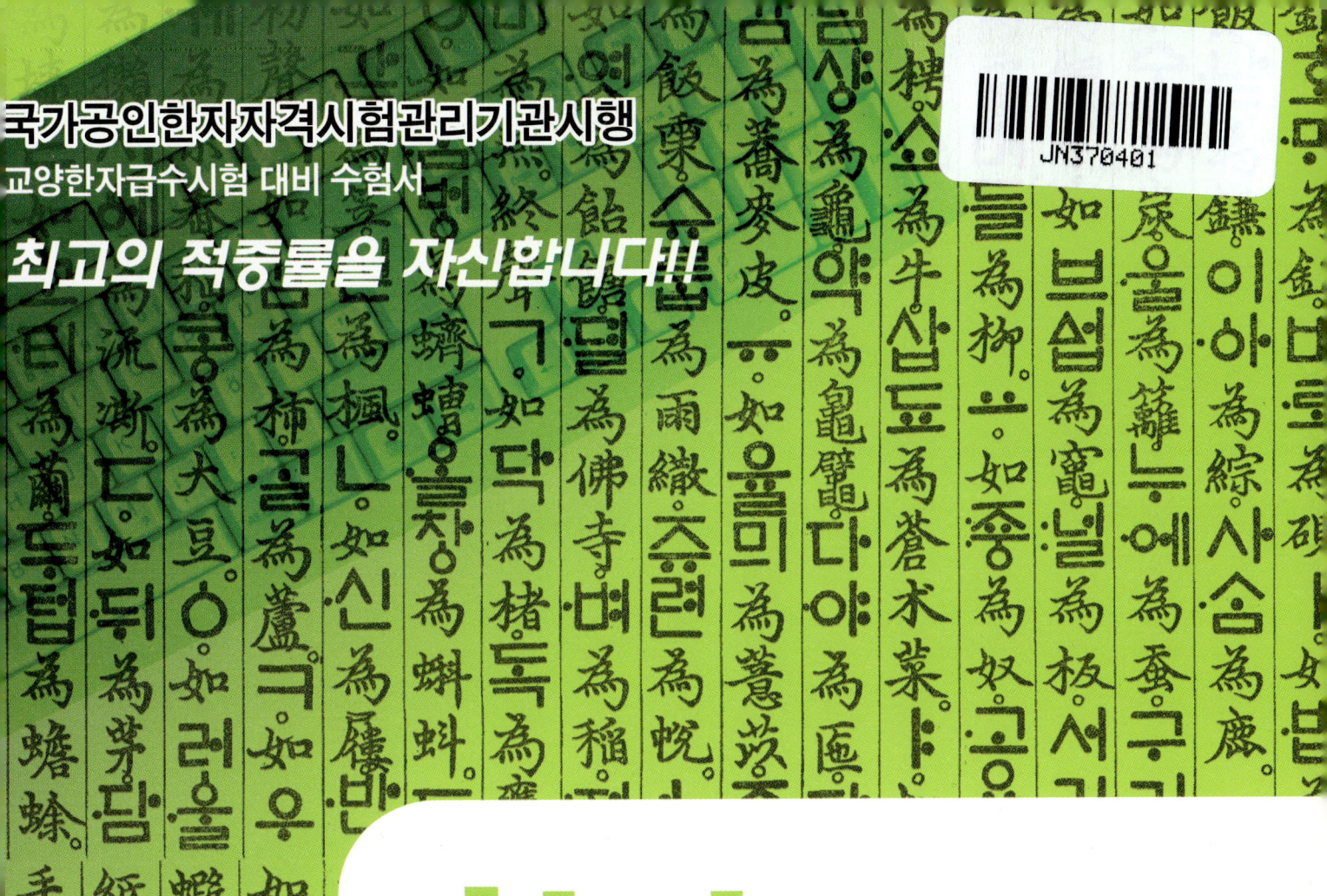

한자 자격시험 5급

초판 36쇄	2025. 03. 20
펴 낸 곳	주식회사 형민사
지 은 이	국제어문능력개발원
인터넷구매	www.hanja114.com
구 입 문 의	TEL.02-736-7693~4, FAX.02-736-7692
주　　소	ⓤ100-032 서울시 중구 수표로 45, B1 101호(저동2가,비즈센터)
등록번호	제2016-000003호
I S B N	978-89-955423-3-0

- 이 책에 실린 모든 편집 내용에 대한 저작권은 '주식회사 형민사'에 있으므로 무단으로 복사, 복제할 수 없습니다.
- 파손된 책은 바꾸어 드립니다.

한자 자격 시험 안내

01 한자자격시험
- 주 관 : 사단법인 한자교육진흥회

02 한자자격시험 일시
- 연 4회 실시
- 응시 자격 : 제한 없음

03 한자자격시험 준비물 및 입실 시간
- 접수 준비물 : 기본인적사항, 응시원서, 응시료, 반명함판 사진(3㎝×4㎝ 2매)
- 시험 준비물
  ① 수험표
  ② 신분증(학생증, 주민등록증, 운전면허증, 여권 – 초등학생과 미취학아동은 건강보험증 또는 주민등록등본(복사본 가능))
  ③ 필기도구 : 검정색펜(볼펜,사인펜 등),수정테이프
  ※ 7,8급은 연필,지우개 사용 가능
- 고사장 입실 시간 : 시험 시작 20분 전까지

04 합격자 발표 및 문의처
- 합격자 발표 : 시험 종료 약 1개월 후
- 홈페이지 : http://www.hanja114.org 또는 한글인터넷주소 : 한자자격시험
- 기타 문의 : 한국 한자실력평가원(전화 02-3406-9111, 팩스 02-3406-9118)

05 한자자격시험 급수별 출제 범위

구분		공인급수				교양급수							
		사범	1급	2급	3급	준3급	4급	준4급	5급	준5급	6급	7급	8급(첫걸음)
평가한자수	계	5,000자	3,500자	2,300자	1,800자	1,350자	900자	700자	450자	250자	170자	120자	50자
	선정한자	5,000자	3,500자	2,300자	1,300자	1,000자	700자	500자	300자	150자	70자	50자	30자
	교과서·실용한자어	-	500단어(이상)	500단어(이상)	500자(436단어 이상)	350자(305단어 이상)	200자(156단어 이상)	200자(139단어 이상)	150자(117단어 이상)	100자(62단어 이상)	100자(62단어 이상)	70자(43단어 이상)	20자(13단어 이상)

* 한자자격시험은 사범~8급까지 총 12개 급수로 구성
* 1급과 2급은 직업분야별 실용한자어, 3급 이하는 교과서 한자어를 뜻함
* 3급 이하의 교과서 한자어에서는 한자쓰기 문제를 출제하지 않음 (자세한 사항은 홈페이지를 참조하시기 바랍니다.)
* 巾(수건 건)자는 교육부지정 선정한자 (1,800자)에서 제외된 글자이나, 실생활에 자주 활용되고 部首자이므로 준5급에 추가하여 80+1자가 되었음

한 자 자 격 시 험 5 급

06 급수별 출제 문항 수 및 출제기준

구분		급수	사범	1급	2급	3급	준3급	4급	준4급	5급	준5급	6급	7급	8급 (첫걸음)
출제기준		문항수 합계	200	150	100	100	100	100	100	100	100	80	50	50
	주관식	문항수	150	100	70	70	70	70	70	70	70	50	20	20
		비율(%)	75% 이상	65% 이상	70% 이상	70% 이상	70% 이상	70% 이상	70% 이상	70% 이상	70% 이상	60% 이상	40% 이상	40% 이상
		한자쓰기 (비율%)	25	25	25	20	20	20	20	20	20	10	—	—
	객관식	문항수	50	50	30	30	30	30	30	30	30	30	30	30
문항별 배점			2	2	2	2	1	1	1	1	1	1.25	2	2
만점 (환산점수:100점 만점)			400 (100)	300 (100)	200 (100)	200 (100)	100	100	100	100	100	100	100	100

07 급수별 합격기준

구분	급수	사범	1급	2급	3급	준3급	4급	준4급	5급	준5급	6급	7급	8급 (첫걸음)
합격기준 (문항수 기준)		80% 이상	70% 이상	70% 이상	70% 이상	70% 이상	70% 이상	70% 이상	70% 이상	70% 이상	70% 이상	70% 이상	70% 이상

* 각 급수별 합격 기준 이상의 점수를 얻어야 합격할 수 있음

08 급수별 시험시간, 출제 유형별 비율(%)

구분			급수	사범	1급	2급	3급	준3급	4급	준4급	5급	준5급	6급	7급	8급 (첫걸음)
		시험시간		120분	80분	60분	60분	60분	60분	60분	60분	60분	60분	60분	60분
출제유형·비율(%)	급수별선정한자	훈음		25	25	25	15	15	15	15	15	15	20	25	25
		독음		35	35	35	15	15	15	15	15	15	20	25	25
		쓰기		25	25	25	20	20	20	20	20	20	10	-	-
		기타		15	15	15	15	15	15	15	15	15	15	15	15
		소계		100	100	100	65	65	65	65	65	65	65	65	65
	교과서한자어	독음		-	-	-	15	15	15	15	15	15	15	15	15
		용어뜻		-	-	-	10	10	10	10	10	10	10	10	10
		쓰기		-	-	-	0	0	0	0	0	0	0	0	0
		기타		-	-	-	10	10	10	10	10	10	10	10	10
		소계		-	-	-	35	35	35	35	35	35	35	35	35
	합계			100	100	100	100	100	100	100	100	100	100	100	100

한자 자격 시험 안내

09 원서접수 방법

방문접수와 인터넷 원서접수 가능
- 방문 접수 : 지역별 원서접수처를 직접 방문하여 한자자격시험 지원서를 작성 후 접수
- 인터넷 접수 : 한자자격시험 홈페이지에 접속하여 원서를 접수
  (홈페이지 : http://www.hanja114.org, 또는 한글인터넷주소 : 한자자격시험)

10 국가공인 한자자격 취득자 우대

- 자격기본법 제23조 3항에 의거 국가자격 취득자와 동등한 대우 및 혜택
- 정부기관에서 공무원 직무능력 향상의 수단으로 권장
- 육군 간부, 군무원의 인사고과 반영
- 공공기관과 기업체 채용, 보수, 승진과정에서 우대하며 대학의 입학전형에 반영
  ※ 반영 비율 및 세부 사항은 기업체 및 각 대학 입시요강에 따름
- 2005학년도 대학수학능력시험부터 '漢文'을 선택과목으로 채택
- 한국방송통신대학교 중어중문학과 졸업논문 대체인정(1급 이상)
- 대상 급수 : 한자실력 사범, 1, 2, 3급

한 자 자 격 시 험 5 급

▶▶ 이 책은 국가공인 한자자격시험 관리·운영기관인 사단법인 한자교육진흥회 주관으로 한국 한자실력평가원에서 시행하는 5급 [한자자격시험]을 대비하기 위한 학습서입니다.

▶▶ 여기에서는 한자평가원의 5급 한자 450자(5급 선정한자 300자+교과서 한자 150자로 구성)를 주제별로 배치하여 학습할 수 있도록 하고 있습니다.

▶▶ 주제별로 구성된 단원구조는 '스스로 학습'을 이끌어 주는 과학적 학습유도장치로, 이는 학교 현장에서 수년간 학생들을 지도하면서 체험한 효과적 학습방법을 구조화시킨 것이며 교사들의 보이지 않는 진실한 노력과 고뇌가 녹아 있는, 한자 학습 능률을 극대화할 수 있는 매우 유용한 방법입니다.

▶▶ 지금까지의 한자학습이 '한자의 글자 수' 암기력을 테스트한 것이었다면, [한자자격시험]은 한자 암기는 물론, 초·중·고의 학교급별 교과서에 쓰이고 있는 한자어를 읽고, 쓰고, 뜻을 알게하는 하는 과정을 통해 우리말의 어휘력과 사고력, 문제의 핵심을 파악하게 하는 능력 등을 높여 자연스럽게 교과학습 성취도를 높일 수 있게 하는 잠재적 목표까지 설정하고 있습니다.

이 책의 짜임새

이 책은 5급 한자자격시험에 출제되는 한자(어)를 크게 주제별로 다섯 단원으로 구조화하였으며 학습과정에서 연상활동을 자극하여 한자 및 한자어 등을 단계적으로 쉽게 익힐 수 있게 구성하였다.

- 제1주제 단원에서는 '자연, 수학, 환경'과 관계 깊은 한자를 다루고 있고, 수학이나 과학 교과서에 자주 등장하는 한자어를 익힐 수 있도록 하였다.
- 제2주제 단원에서는 '언어의 세계'라는 주제 속에서 관련 한자를 익히면서, 국어 등의 교과서에 자주 등장하는 한자어를 익힐 수 있도록 하였다.
- 제3주제 단원에서는 '사회, 정치, 경제'라는 주제 속에서 관련 한자를 공부하면서, 사회 교과서 등에 자주 등장하는 한자어를 익힐 수 있도록 하였다.
- 제4주제 단원에서는 '역사, 지리'라는 주제로 관련 한자를 다루면서, 역사와 지리에 자주 등장하는 교과서 한자어를 익힐 수 있도록 하였다.
- 제5주제 단원에서는 '나와 우리'라는 주제로 민주적 생활 태도 및 공동체 생활 등과 관련된 한자를 다루면서, 도덕, 사회 교과서 등에 자주 등장하는 한자어를 익힐 수 있도록 하였다.
- 주제별 각 단원은 선정 한자 익히기, 교과서 한자어 자세히 알기, 꼭 알아야 할 고사성어, 한자성어, 단원 마무리 연습문제로 구성되어 있다.
- 「선정한자 익히기」에서는 5급 선정 한자를 쓰면서, 훈·음, 부수, 총획 수 등을 알게 하였고, 또한 도움말을 통해 글자의 자원을 알 수 있게 하여 글자에 대한 깊이 있는 이해를 돕고, 용례를 제시해 어떻게 그 글자가 쓰이는지도 알도록 하고 있다.

이 책의 짜임, 활용

- 「교과서 한자어 자세히 알기」에서는 주제별 관련 교과서에 등장하는 한자어의 훈·음과 뜻을 익히고, 어떻게 쓰이는지를 알게 하고 있다. 이 과정은 자연스럽게 우리말의 어휘력 신장에도 도움을 주도록 구성되어 있다.
- 「꼭 알아야 할 고사성어, 한자성어」에서는 고사성어를 통해 한자에 대한 흥미를 찾게 하고, 한자성어 익히기를 통해 한자와의 친근감을 높임과 동시에 바른 인성을 자극하고 있다.
- 각 주제의 끝 부분에 배치되어 있는 「단원 마무리 연습문제」는 그 단원에서 배운 내용을 총 정리해 볼 수 있도록 하여 학습 효과를 배가시키고 있다. 특히 문제의 지문이나 보기 등에 제시된 단어 하나하나까지도 교육적 의미를 생각하여 배치하고 있다.
- 6단원에서 예상문제 5회분과 최근 기출문제를 실어 한자자격시험에 대비할 수 있게 하였다.

이 책의 활용

선정한자 익히기 편에서는
- 큰 소리로 훈(뜻)과 음을 읽으면서 필순을 지켜 써 보세요!
- 제시된 빈 칸 수만큼 쓰다 보면 저절로 한자를 익힐 수 있습니다.

교과서 한자어 자세히 알기 편에서는
제시된 단어를 큰 소리로 읽고, 훈과 음을 읽은 후 풀이말을 몇 차례 읽어봅니다. 그리고 쓰임을 읽으면서 빈 칸에 한자어를 정자로 또박 또박 써 나갑니다.

꼭 알아야 할 고사성어, 한자성어 편에서는
제시된 한자성어를 읽고 이어서 각 글자의 훈과 음을 읽어본 다음, 뜻을 큰 소리로 읽고 나서 빈 칸에 한자성어를 써 나갑니다.

단원 마무리 연습문제 편에서는
각 주제의 끝 부분에 주관식과 객관식의 30여 문제가 함께 섞여 구성된 평가 문항입니다. 이 문제들을 풀어보면서 앞에서 배운 한자와 한자어 등을 다시 생각해 보고, 혹 잘 모르는 문제가 있다면 본문을 다시 살펴서 완전히 익히고 다음 단계로 넘어가기 바랍니다.

※ 참고문헌 : 이재전, ≪최신 한자교본≫, (도서출판 에코노미, 2002)
　　　　　　 장형식, ≪부수해설≫, (한국 한자실력평가원, 2000)
　　　　　　 홍순필, ≪한선문 신옥편-정음옥편 한글판≫, (보문관, 1917)
　　　　　　 ≪大漢韓辭典≫, (교학사, 1998) 등

한 자 자 격 시 험 5 급

03	한자 자격시험 안내
06	이 책의 짜임, 활용
10	급수별 선정한자 일람표
13	5급 교과서 한자어 일람표

1 자연, 수학, 환경

17	1-1. 선정 한자 익히기
23	1-2. 교과서 한자어 자세히 알기
30	1-3. 알아두면 유익한 한자성어
34	1-4. 단원 마무리 연습문제

2 언어의 세계

39	2-1. 선정 한자 익히기
45	2-2. 교과서 한자어 자세히 알기
50	2-3. 알아두면 유익한 한자성어
54	2-4. 단원 마무리 연습문제

3 사회, 정치, 경제

59	3-1. 선정 한자 익히기
65	3-2. 교과서 한자어 자세히 알기
70	3-3. 알아두면 유익한 한자성어
74	3-4. 단원 마무리 연습문제

차 례

역사, 지리 4

79	4-1. 선정 한자 익히기
86	4-2. 교과서 한자어 자세히 알기
89	4-3. 알아두면 유익한 한자성어
93	4-4. 단원 마무리 연습문제

나와 우리 5

97	5-1. 선정 한자 익히기
103	5-2. 교과서 한자어 자세히 알기
108	5-3. 알아두면 유익한 한자성어
112	5-4. 단원 마무리 연습문제

연습문제 및 최근 기출문제 6

116	연습문제 (01회~05회)
147	최근 기출문제
159	정답

급수별 선정한자 일람표

*표시는 길게 발음된 글자. # 표시는 장음 단음 두 가지로 발음된 글자임
( )안은 간체자

8급 선정 한자

한자	훈	음	
一	한	일	
二	두	이	*
三	석	삼	
四	넉	사	*
五	다섯	오	*
六	여섯	륙	
七	일곱	칠	
八	여덟	팔	
九	아홉	구	
十	열	십	
日	날	일	
月	달	월	
火	불	화	#
水	물	수	
木	나무	목	
上	윗	상	*
中	가운데	중	
下	아래	하	*
父	아버지	부	
母	어머니	모	*
王	임금	왕	
子	아들	자	
女	계집	녀	
口	입	구	#
土	흙	토	
山	메	산	
門	문	문(门)	
小	작을	소	*
人	사람	인	
白	흰	백	

7급 선정 한자

한자	훈	음	
江	강	강	
工	장인	공	
金	쇠	금	
男	사내	남	
力	힘	력	
立	설	립	
目	눈	목	
百	일백	백	
生	날	생	
石	돌	석	
手	손	수	#
心	마음	심	
入	들	입	
自	스스로	자	
足	발	족	
川	내	천	
千	일천	천	
天	하늘	천	
出	날	출	
兄	맏	형	

6급 선정 한자

한자	훈	음	
東	동녘	동(东)	
西	서녘	서	
南	남녘	남	
北	북녘	북	
方	모	방	
向	향할	향	*
內	안	내	*
外	바깥	외	*
同	한가지	동	
名	이름	명	
靑	푸를	청	
年	해(=秊)	년	
正	바를	정	#
文	글월	문	
主	주인	주	
寸	마디	촌	*
弟	아우	제	*
夫	지아비	부	
少	적을	소	*
夕	저녁	석	

준5급 선정 한자

한자	훈	음	
歌	노래	가	
家	집	가	
間	사이	간(间)	#
車	수레	거(车)	
巾	수건	건	
古	예	고	*
空	빌	공	
敎	가르칠	교	*
校	학교	교	*
國	나라	국	
軍	군사	군	
今	이제	금	
記	기록할	기(记)	
氣	기운	기(气)	
己	몸	기	
農	농사	농	
答	대답	답	
代	대신할	대	*
大	큰	대	*
道	길	도	
洞	골	동	*
登	오를	등	
來	올	래(来)	#
老	늙을	로	
里	마을	리	*
林	수풀	림	
馬	말	마(马)	*
萬	일만	만(万)	
末	끝	말	
每	매양	매	#
面	낯	면	*
問	물을	문(问)	*
物	물건	물	
民	백성	민	
本	근본	본	
不	아니	불	
分	나눌	분	#
士	선비	사	*
事	일	사	*
色	빛	색	
先	먼저	선	
姓	성씨	성	*

5급 선정 한자

世	세상	세	*					綠	푸를	록	
所	바	소	*					理	다스릴	리	*
時	때	시(时)		各	각각	각		李	오얏(자두)	리	*
市	저자	시	*	感	느낄	감	*	利	이로울	리	*
食	먹을	식		強	강할	강	#	命	목숨	명	*
植	심을	식(植)		開	열	개(开)	*	明	밝을	명	
室	집	실		去	갈	거		毛	털	모	
安	편안할	안		犬	개	견		無	없을	무(无)	
羊	양	양		見	볼	견(见)	*	聞	들을	문(闻)	#
語	말씀	어(语)	*	京	서울	경	*	米	쌀	미	
午	낮	오	*	計	셀	계(计)		美	아름다울	미	#
玉	구슬	옥		界	지경	계	*	朴	순박할	박	
牛	소	우	*	苦	괴로울	고		反	돌이킬	반	*
右	오른	우	*	高	높을	고		半	절반	반(半)	*
位	자리	위		功	공	공		發	필	발	
有	있을	유	*	共	함께	공	*	放	놓을	방	#
育	기를	육		科	과목	과		番	차례	번	
邑	고을	읍		果	과실	과	*	別	다를	별	
衣	옷	의		光	빛	광		病	병	병	*
耳	귀	이	*	交	사귈	교		步	걸음	보	*
字	글자	자		郡	고을	군	*	服	옷	복	
長	긴	장(长)	#	近	가까울	근	*	部	거느릴	부	
場	마당	장(场)		根	뿌리	근		死	죽을	사	*
電	번개	전(电)	*	急	급할	급		書	글	서(书)	
前	앞	전		多	많을	다		席	자리	석	
全	온전할	전		短	짧을	단	#	線	줄	선(线)	
祖	할아비	조		當	마땅할	당(当)		省	살필	성	
左	왼	좌	*	堂	집	당		性	성품	성	*
住	살	주	*	對	대답할	대(对)	*	成	이룰	성	
地	땅	지		圖	그림	도		消	사라질	소	
草	풀	초		度	법도	도	*	速	빠를	속	
平	평평할	평		刀	칼	도		孫	손자	손	#
學	배울	학(学)		讀	읽을	독		樹	나무	수	
韓	나라이름	한(韩)	#	冬	겨울	동	#	首	머리	수	
漢	한수	한(汉)	*	童	아이	동	*	習	익힐	습	
合	합할	합		頭	머리	두(头)		勝	이길	승	
海	바다	해		等	무리	등	*	詩	글	시(诗)	
孝	효도	효		樂	즐거울	락		示	보일	시	*
休	쉴	휴		禮	예도	례	*	始	처음	시	*
				路	길	로	*	式	법	식	

神	귀신	신		族	겨레	족		■■ 7급 ■■		
身	몸	신		晝	낮	주(昼)		金	1.쇠	금
信	믿을	신	*	竹	대	죽			2.성	김
新	새로울	신		重	무거울	중	*	■■ 6급 ■■		
失	잃을	실		直	곧을	직(直)		內	1.안	내
愛	사랑	애	*	窓	창문	창			2.여관(女官)	나
野	들	야	*	淸	맑을	청		北	1.북녘	북
夜	밤	야	*	體	몸	체			2.달아날	배
藥	약	약		村	마을	촌	*	■ 준5급 ■		
弱	약할	약		秋	가을	추		車	1.수레	거
陽	볕	양		春	봄	춘			2.수레	차
洋	큰바다	양		親	친할	친(亲)		分	1.나눌	분
魚	물고기	어(鱼)		太	클	태			2.푼	푼
言	말씀	언		通	통할	통		洞	1.골	동
業	일	업		貝	조개	패(贝)	#		2.꿰뚫을	통
永	길	영	*	便	편할	편	#.	不	1.아니	불
英	꽃부리	영		表	겉	표			2.아니	부
勇	날쌜	용	*	品	물건	품	*	食	1.밥	사
用	쓸	용	*	風	바람	풍			2.먹을	식
友	벗	우		夏	여름(=昰)	하	*	合	1.합할	합
運	움직일	운	*	行	다닐	행	#		2.홉	홉
遠	멀	원(远)	*	幸	다행	행	*	■■ 5급 ■■		
原	언덕, 근본	원		血	피	혈		見	1.볼	견
元	으뜸	원		形	모양	형			2.뵐	현
油	기름	유		號	이름	호	*	度	1.법도	도
肉	고기	육		花	꽃	화			2.헤아릴	탁
銀	은	은(银)		話	말씀	화(话)		讀	1.읽을	독
飮	마실	음	*	和	화할, 화목할	화			2.구절	두
音	소리	음		活	살	활		樂	1.즐거울	락
意	뜻	의	*	黃	누를	황			2.풍류	악
者	놈	자		會	모일	회(会)	*		3.좋아할	요
昨	어제	작		後	뒤	후	*	省	1.살필	성
作	지을	작							2.덜	생
章	글	장	*	**음과 뜻이 여럿인 한자**				便	1.편할	편
在	있을	재	*						2.똥오줌	변
才	재주	재		■■ 8급 ■■						
田	밭	전		父	1.아버지	부				
題	제목	제			2.남자미칭	보				
第	차례	제	*							
朝	아침(=晁)	조								

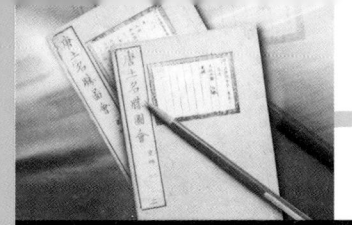

5급 교과서 한자어 일람표

※ 아래 한자어들은 교과서에 있는 단어(한자어) 중 자주 쓰이거나 꼭 알아두어야 할 한자어입니다.
교과서 한자어의 한자 쓰기 문제는 출제되지 않습니다.

가열	加熱	구분	區分	문화재	文化財
가정	家庭	구애행동	求愛行動	미소	微笑
각도	角度	권리	權利	박람회	博覽會
강수량	降水量	규칙	規則	반도체	半導體
건국	建國	극미세	極微細	배경	背景
결과	結果	근거	根據	분류	分類
경제	經濟	근면	勤勉	분수	分數
경험	經驗	긍정	肯定	분포	分布
계산	計算	기온	氣溫	비교	比較
계절	季節	기준	基準	비례식	比例式
고유어	固有語	단위	單位	비율	比率
곡선	曲線	단정	端正	사법부	司法府
공경	恭敬	단체	團體	사회	社會
공공	公共	대응	對應	상상	想像
공연	公演	도체	導體	생태계	生態系
공정	工程	독립	獨立	선거	選擧
관광객	觀光客	면담	面談	선택	選擇
관용표현	慣用表現	묘사	描寫	설득	說得
광고	廣告	문맥	文脈	세금	稅金

소극적	消極的	인상	印象	첨단	尖端
속담	俗談	자연	自然	초과	超過
수입	收入	자유	自由	축척	縮尺
수출	輸出	장애	障碍	침엽수	針葉樹
시조	時調	저금	貯金	쾌적	快適
악기	樂器	적극적	積極的	타협	妥協
암석	巖石	적응	適應	태도	態度
약속	約束	전쟁	戰爭	태양계	太陽系
여가	餘暇	전통	傳統	토의	討議
여운	餘韻	전학	轉學	통일	統一
여행	旅行	정보	情報	투자	投資
역사	歷史	정치	政治	투표	投票
역할	役割	존중	尊重	편지	便紙
연상	聯想	종류	種類	표준어	標準語
오염	汚染	지구촌	地球村	합창	合唱
우주	宇宙	지진	地震	해결	解決
원인	原因	지층	地層	협동	協同
위성	衛星	질서	秩序	확률	確率
육지	陸地	참정권	參政權	환경	環境
이상	以上	창의적	創意的	활엽수	闊葉樹

1 자연, 수학, 환경

1-1. 선정 한자 익히기
1-2. 교과서 한자어 자세히 알기
1-3. 알아두면 유익한 한자성어
1-4. 단원 마무리 연습문제

| 학습의 주안점 |

이 단원에서는 자연과 수학, 그리고 환경과 관련 있는
한자들을 읽고 쓰며, 그 뜻을 정확히 알도록 노력합시다.

www.hanja114.org

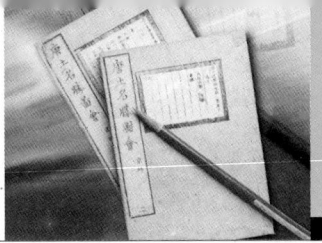

새로 익힐 선정 한자

強	강할	강	線	줄	선	遠	멀	원
計	셀	계	消	사라질	소	油	기름	유
共	함께	공	速	빠를	속	銀	은	은
科	과목	과	式	법	식	秋	가을	추
光	빛	광	藥	약	약	春	봄	춘
近	가까울	근	弱	약할	약	風	바람	풍
冬	겨울	동	陽	볕	양	夏	여름(=昰)	하
等	무리	등	洋	큰바다	양	血	피	혈
番	차례	번	魚	물고기	어	形	모양	형
別	다를	별	運	움직일	운	花	꽃	화

교과서에 나오는 한자어

가열(加熱)	도체(導體)	육지(陸地)
각도(角度)	반도체(半導體)	이상(以上)
강수량(降水量)	분류(分類)	자연(自然)
계산(計算)	분수(分數)	종류(種類)
곡선(曲線)	비례식(比例式)	지진(地震)
구분(區分)	비율(比率)	지층(地層)
구애행동(求愛行動)	생태계(生態系)	초과(超過)
기온(氣溫)	암석(巖石)	태양계(太陽系)
기준(基準)	오염(汚染)	확률(確率)
단위(單位)	우주(宇宙)	환경(環境)
대응(對應)	위성(衛星)	

선정 한자 익히기

强 (강할 강)

훈	강할 굳세다	음	강	부수	弓
필순	引引引严强强			총획	12

도움말
'弘'(클 홍)과 '虫'(벌레 충)이 더해진 글자로, 크고 단단한 껍질을 가진 벌레라는 데서 '강하다'는 뜻을 지닌다.

용례
强制(강제) 强弱(강약) 强度(강도)

計 (셀 계)

훈	셀 꾀	음	계	부수	言
필순	丶一言言計			총획	9

도움말
'言'(말씀 언)과 '十'(열 십)이 더해진 글자로, '열을 말하다'에서 '숫자를 세다, 계산하다'의 뜻을 지닌다.

용례
計算(계산) 計量(계량) 計略(계략)

共 (함께 공)

훈	함께 같이	음	공	부수	八
필순	一十什井共共			총획	6

도움말
'廿'(스물 입)과 '廾'(들 공)이 더해진 글자로, 많은 사람들이 두 손으로 받든다 하여 '함께'라는 뜻을 지닌다.

용례
共存(공존) 共同(공동) 共生(공생)

科 (과목 과)

훈	과목	음	과	부수	禾
필순	一二千禾禾科			총획	9

도움말
'禾'(곡식 화)와 '斗'(말 두)가 더해진 글자로, 곡식을 말로 나눈다는 뜻에서 '과정, 조목'의 뜻을 지닌다.

용례
科目(과목) 科擧(과거) 科學(과학)

光 (빛 광)

훈	빛 경치 영화롭다	음	광	부수	八
필순	丨丨丬丬光光			총획	6

도움말
'火'(불 화)와 '八'(어진사람 인)이 더해진 글자로, 사람의 손에 들린 횃불이 밝다 하여 '빛나다'라는 뜻을 지닌다.

용례
光線(광선) 光陰(광음) 光彩(광채)

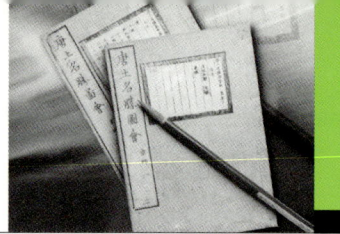

한자자격시험 5급

도움말
'斤'(무게 근)과 '辶'(쉬엄쉬엄갈 착)이 더해져 만들어진 글자로, 물건을 달 때에는 저울 추를 조금씩 옮겨 놓는다는 데서 '가깝다'의 뜻을 지닌다.

용례
近視(근시) 近郊(근교) 最近(최근)

훈	가까울	음	근	부수	辶
필순	´ ⺁ ⺁ 斤 ⺁ 近			총획	8

도움말
'冫'(=氷:얼음 빙)과 '夂'(뒤져올 치)가 더해져 만들어진 글자. 일 년 중 마지막 계절로서 얼음이 어는 때라 하여 '겨울'이라는 뜻을 지닌다.

용례
冬眠(동면) 冬至(동지)
春夏秋冬(춘하추동)

훈	겨울	음	동	부수	冫
필순	´ 勹 夂 冬 冬			총획	5

도움말
'竹'(대나무 죽)과 '寺'(관청 시)가 더해서 만들어진 글자로, 관청의 관리가 대쪽으로 만든 서류를 분류한다는 데서 '등급'의 뜻을 지닌다.

용례
等級(등급) 等邊(등변)

훈	무리 등급 같다	음	등	부수	竹
필순	´ ⺮ ⺮ ⺮ 竺 笙 等			총획	12

도움말
'釆'(짐승의 발자국 모습을 본뜬 글자)와 '田'(밭 전)이 더해져 만들어진 글자. 사람이 밭을 지나간 발자국이 차례로 나 있다 하여 '차례'의 뜻을 지닌다.

용례
番號(번호) 番地(번지) 當番(당번)

훈	차례 회수 번갈	음	번	부수	田
필순	´ ⺍ ⺍ 平 釆 番			총획	12

도움말
살을 발라내어 살과 뼈를 구분한 다는 데서 물건을 '나눈다'의 뜻을 지닌다.

용례
區別(구별) 別途(별도) 別味(별미)

훈	다를 나누다 헤어지다	음	별	부수	刀(刂)
필순	´ 口 弓 另 別			총획	7

1. 자연, 수학, 환경

선정 한자 익히기

훈	줄 금 실	음	선	부수	糸
필순	〰〰〰 約 絹 線			총획	15

도움말
'糸'(실 사)와 '泉'(샘 천)이 더해져 만들어진 글자. 실이 샘물처럼 끊이지 않고 흘러나온다는 데서 '줄'이라는 뜻을 지닌다.

용례
線分(선분) 線路(선로)

훈	사라질 줄다 물러서다	음	소	부수	水(氵)
필순	〰〰〰氵沪消消			총획	10

도움말
'氵'(물 수)와 '肖'(적다 소)를 더한 글자로, 물의 흐름이 점점 적어진다는 데서 '사라진다'는 뜻을 가진다.

용례
消滅(소멸) 消却(소각) 消火(소화)

훈	빠를	음	속	부수	辶
필순	一 十 市 束 速			총획	11

도움말
'辶'(쉬엄쉬엄갈 착)과 '束'(묶을 속)을 더해 만든 글자. 물건을 한데 묶어서 가지고 가면 '빠르다'는 뜻을 지닌다.

용례
速度(속도) 迅速(신속)

훈	법 의식 형식	음	식	부수	弋
필순	一 二 千 王 式 式			총획	6

도움말
'工'(장인 공)과 '弋'(주살 익)이 더해져 만들어진 글자. 장인이 화살을 만들 때 자로 재어 법식에 맞게 만든다는 데서 '법'의 뜻을 지닌다.

용례
式場(식장) 法式(법식) 形式(형식)

훈	약	음	약	부수	艸(++)
필순	〰〰 甘 苗 藥 藥			총획	19

도움말
'++'(풀 초)와 '樂'(즐거울 락)이 더해진 글자. 약초나 풀뿌리를 먹고 병이 나아 즐겁다는 뜻에서 '약'이라는 뜻을 지닌다.

용례
藥局(약국) 藥房甘草(약방감초)

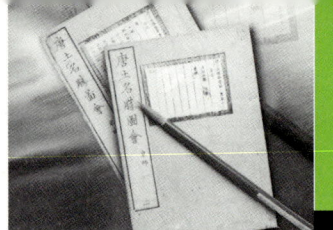

한자자격시험 5급

도움말
새끼 새의 두 날개가 나란히 펼쳐진 모양을 본뜬 글자로, 어린 새의 날개는 '약하다'는 뜻을 지닌다.

용례
強弱(강약) 弱骨(약골)

약할 약

훈	약할 나이젊을	음	약	부수	弓
필순	ˊ弓弓ˊ弱弱			총획	10

도움말
'阝'(언덕 부)와 '昜'(빛날 양)이 더해진 글자. 언덕 위에서 햇볕이 더 밝게 비친다는 데서 '햇볕'이라는 뜻을 지닌다.

용례
陰陽(음양) 陽地(양지)

볕 양

훈	볕 양기 거짓	음	양	부수	阜(阝)
필순	阝阝阝阝陽陽			총획	12

도움말
'水'(물 수)와 '羊'(양 양)이 더해진 글자. 많은 양들이 움직이고 있는 것처럼 출렁이고 있는 '넓은 바다'를 뜻한다.

용례
海洋(해양) 大西洋(대서양)
太平洋(태평양)

큰바다 양

훈	큰바다 넓을	음	양	부수	水(氵)
필순	ˊ氵氵洋洋			총획	9

도움말
물고기의 모양을 본뜬 글자

용례
魚類(어류) 水魚之交(수어지교)

물고기 어

훈	물고기	음	어	부수	魚
필순	ˊ⺈召召魚魚			총획	11

도움말
'辶'(쉬엄쉬엄갈 착)과 '軍'(군사 군)이 더해진 글자. 병사들이 전차를 몰고 간다는 데서 '움직이다'의 뜻을 지닌다.

용례
運動(운동) 運行(운행)

움직일 운

훈	움직일 옮길 운수	음	운	부수	辶
필순	冖冖冃軍運			총획	13

1. 자연, 수학, 환경

선정 한자 익히기

遠 멀 원

훈	멀 심오할	음	원	부수	辶
필순	一十土吉袁遠			총획	14

도움말
'辶'(쉬엄쉬엄갈 착)과 '袁'(옷길 원)이 더해진 글자. 걸어갈 길이 길다는 데서 '멀다'의 뜻을 지닌다.

용례
遠近(원근) 遠隔(원격) 遠視(원시)

油 기름 유

훈	기름	음	유	부수	水(氵)
필순	丶氵汀油油			총획	8

도움말
'氵'(물 수)와 '由'(말미암을 유)가 더해진 글자. 나무의 열매에서 짜낸 물은 '기름'이라는 뜻을 지닌다.

용례
石油(석유) 輕油(경유)

銀 은 은

훈	은 은빛	음	은	부수	金
필순	丿𠂉金釤鈯銀			총획	14

도움말
'金'(쇠 금)과 '艮'(한정할 간)이 더해진 글자. 무한정 있지 않은 한정된 금속인 '은'을 뜻한다.

용례
銀河水(은하수) 銀行(은행)

秋 가을 추

훈	가을 해	음	추	부수	禾
필순	丿千禾禾'秋秋			총획	9

도움말
'禾'(벼 화)와 '火'(불 화)가 더해진 글자. 곡식을 말려 거두는 계절은 '가을'이라는 뜻이다.

용례
秋分(추분) 秋夕(추석) 秋收(추수)

春 봄 춘

훈	봄	음	춘	부수	日
필순	一二丰夫春春			총획	9

도움말
'艹'(풀 초)와 '屯'(어려울 준)과 '日'(해 일)이 더해진 글자. 풀이 햇볕을 받아 비로소 싹이 돋으려 한다는 뜻으로 새싹이 돋는 계절인 '봄'을 뜻한다.

용례
春分(춘분) 春夏秋冬(춘하추동)

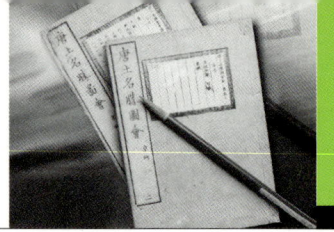

한 자 자 격 시 험 5 급

도움말
'凡'(무릇 범)과 '虫'(벌레 충)이 더해진 글자. 곤충들이 사는데 필요한 공기의 움직임은 '바람'이라는 뜻을 지닌다.

용례
風俗(풍속) 風向(풍향) 風車(풍차)

훈	바람	음	풍	부수	風
필순	ノ几凡凡風風			총획	9

도움말
'頁'(머리 혈)과 '夊'(천천히 걸을 쇠)가 더해진 글자. 더워서 머리와 발을 드러낸 모양에서 '여름'을 뜻한다.

용례
夏至(하지) 立夏(입하)

훈	여름	음	하	부수	夊
필순	一丆百戸頁夏			총획	10

도움말
제사 때 바치던 희생물의 피를 담던 그릇의 모양을 본뜬 글자

용례
血液(혈액) 血管(혈관) 血肉(혈육)

훈	피	음	혈	부수	血
필순	ノ ノ 白 血 血			총획	6

도움말
'井'(우물 정)과 '彡'(긴머리 삼)이 더해진 글자. 우물에 비친 긴 머리의 여인의 모습 '형상'을 뜻한다.

용례
形狀(형상) 形成(형성) 形態(형태)

훈	모양 얼굴 형세	음	형	부수	彡
필순	一二干开形			총획	7

도움말
'艹'(풀 초)와 '化'(변화 화)가 더해진 글자. 풀 싹이 봄볕을 받고 변하여 '꽃'이 된다는 뜻을 지닌다.

용례
花草(화초) 無窮花(무궁화)

훈	꽃 아름다울	음	화	부수	艹(++)
필순	艹艹艹花花			총획	8

1. 자연, 수학, 환경

교과서 한자어 자세히 알기

가열 加熱
- **훈음**: 더할 **가**, 더울 **열**
- **풀이**: 열을 가하거나 열이 더 세게 나도록 함
- **쓰임**: 물을 加熱하면 기체 상태로 되는데, 이를 '수증기'라고 합니다.

각도 角度
- **훈음**: 뿔 **각**, 법도 **도**
- **풀이**: 각의 크기. 사물을 보거나 생각하는 방향
- **쓰임**: 角度를 나타내는 단위는 '직각'과 '도'가 있다.

강수량 降水量
- **훈음**: 내릴 **강**, 물 **수**, 헤아릴 **량**
- **풀이**: 비, 눈, 우박 따위가 지상에 내린 것을 모두 물로 환산한 분량
- **쓰임**: 여름과 겨울의 降水量의 차이가 커요.

계산 計算
- **훈음**: 셀 **계**, 셈 **산**
- **풀이**: 수량을 셈. 식을 연산하여 수치를 구하여 내는 일
- **쓰임**: 다음 식을 計算하여라.

곡선 曲線
- **훈음**: 굽을 **곡**, 줄 **선**
- **풀이**: 부드럽게 굽은 선
- **쓰임**: 원은 曲線으로 이루어진다.

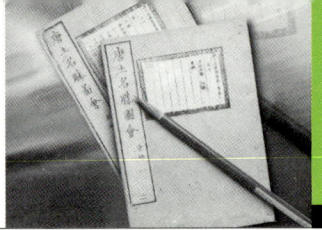

한 자 자 격 시 험 5 급

구분 區分
- **훈음**: 나눌 **구**, 나눌 **분**
- **풀이**: 따로따로 갈라서 나눔
- **쓰임**: 무궁화는 모양과 색깔에 따라 여러 가지로 區分된다.

구애 행동 求愛行動
- **훈음**: 구할 **구**, 사랑 **애**, 다닐 **행**, 움직일 **동**
- **풀이**: 사랑을 구하는 행동
- **쓰임**: 동물이 짝짓기 전에 하는 행동을 求愛行動이라고 합니다.

기온 氣溫
- **훈음**: 기운 **기**, 따뜻할 **온**
- **풀이**: 대기의 온도
- **쓰임**: 급작스러운 氣溫의 강하로 인해 감기 환자가 급증했다.

기준 基準
- **훈음**: 터 **기**, 법도 **준**
- **풀이**: 기본이 되는 표준
- **쓰임**: 물체의 무거운 순서를 비교할 때 분동과 같은 基準이 되는 물체를 사용하면 편리하다.

단위 單位
- **훈음**: 홑 **단**, 자리 **위**
- **풀이**: 길이, 넓이, 무게, 양 등을 수치로 나타내기(재기) 위하여 계산의 기본으로 정해놓은 기준
- **쓰임**: 우리 나라에서 옛날부터 사용해 온 무게의 單位에는 근, 관 등이 있다.

1. 자연, 수학, 환경

교과서 한자어 자세히 알기

대응 對應
- **훈음**: 대답할 **대**, 응할 **응**
- **풀이**: 맞서서 서로 응함. 합동이나 닮은꼴인 두 도형의 같은 자리에서 짝을 이루는 요소끼리의 관계. 두 집합의 각 원소끼리 짝을 이루는 관계
- **쓰임**: 합동인 두 도형을 완전히 포개었을 때, 겹쳐지는 꼭지점을 對應점이라고 한다.

도체 導體
- **훈음**: 인도할 **도**, 몸 **체**
- **풀이**: 전기가 통하는 물질 (↔ 부도체)
- **쓰임**: 전선의 導體가 겉으로 나오면 위험하다.

반도체 半導體
- **훈음**: 절반 **반**, 인도할 **도**, 몸 **체**
- **풀이**: 상온에서 전기를 전도하는 성질이 도체와 부도체의 중간 정도 되는 물질을 통틀어 이르는 말
- **쓰임**: 컴퓨터 제작과정은 모니터 조립, 半導體 제작, 모니터 본체 제작, 프로그램 개발, 제품 연구, 半導體 검사 등 여러 분야로 나누어 진다.

분류 分類
- **훈음**: 나눌 **분**, 무리 **류**
- **풀이**: 사물을 공통되는 성질에 따라 종류별로 가름
- **쓰임**: 동물은 크게 육지에 사는 동물과 바다에 사는 동물로 分類할 수 있습니다.

분수 分數
- **훈음**: 나눌 **분**, 셈 **수**
- **풀이**: 어떤 수를 다른 수로 나누는 것을 분자와 분모로 나타낸 것. 자기의 처지에 마땅한 한도
- **쓰임**: 분자가 분모와 같거나 분모보다 큰 分數를 가분수라고 한다.

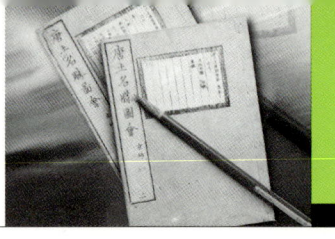

비례식 — 比例式

- **훈음**: 견줄 **비**, 법식 **례**, 법 **식**
- **풀이**: 두 비의 값이 같음을 나타내는 식
- **쓰임**: 比例式에서 내항의 곱과 외항의 곱은 같다.

비율 — 比率

- **훈음**: 견줄 **비**, 비율 **률**
- **풀이**: 둘 이상의 수를 비교하여 나타낼 때, 그 중 한 개의 수를 기준으로 하여 나타낸 다른 수의 비교 값
- **쓰임**: 평균 수명의 연장으로 노인 인구의 比率이 점점 높아지고 있다.

생태계 — 生態系

- **훈음**: 날 **생**, 모양 **태**, 이어 맬 **계**
- **풀이**: 일정한 지역의 생물 공동체와 이들의 생명 유지의 근원이 되는 무기적 환경이 서로 복잡한 상호 의존 관계를 유지하면서 균형과 조화를 이루는 자연의 체계
- **쓰임**: 여러 생물이 살고 있는 작은 연못도 生態系라고 할 수 있습니다.

암석 — 巖石

- **훈음**: 바위 **암**, 돌 **석**
- **풀이**: 바위
- **쓰임**: 巖石은 퇴적암, 화성암, 변성암으로 구분됩니다.

오염 — 汚染

- **훈음**: 더러울 **오**, 물들일 **염**
- **풀이**: 더러워짐. 공기·물·식료품 따위가 세균, 방사능, 가스 등에 의하여 독성을 갖게 됨
- **쓰임**: 우리가 버린 쓰레기들이 대기 汚染, 수질 汚染, 토양 汚染 등 심각한 환경 문제를 일으킨다.

1. 자연, 수학, 환경

교과서 한자어 자세히 알기

우주 宇宙
- **훈음**: 집 **우**, 집 **주**
- **풀이**: 온 세계를 둘러싸고 있는 공간
- **쓰임**: 미래에는 宇宙 정류장이 많이 생겨서 어렵지 않게 宇宙 여행을 할 수 있습니다.

위성 衛星
- **훈음**: 지킬 **위**, 별 **성**
- **풀이**: 행성의 둘레를 운행하는 작은 천체. 주된 것 가까이에 있어 그것을 지키거나 그것에 딸리어 있음을 나타내는 말
- **쓰임**: 태양계에는 행성의 주위를 도는 衛星도 있습니다.

육지 陸地
- **훈음**: 뭍 **륙**, 땅 **지**
- **풀이**: 물에 잠기지 않은 지구 거죽의 땅
- **쓰임**: 우리가 살고 있는 陸地의 모양은 울퉁불퉁합니다.

이상 以上
- **훈음**: 써 **이**, 윗 **상**
- **풀이**: 그것을 포함하여, 그것보다 많거나 위임 (↔이하)
- **쓰임**: 50과 같거나 큰 수를 '50 以上인 수'라고 한다.

자연 自然
- **훈음**: 스스로 **자**, 그럴 **연**
- **풀이**: 사람의 손에 의하지 않고서 존재하는 것이나 일어나는 현상. 사람이나 물질의 본래 성질
- **쓰임**: 自然은 우리에게 꼭 필요한 것이지만, 홍수나 태풍 같은 自然 재해는 큰 피해를 주기도 한다.

종류
種類
- **훈음**: 씨 **종**, 무리 **류**
- **풀이**: 어떤 기준에 따라 나눈 갈래
- **쓰임**: 에너지의 種類에는 빛에너지, 전기에너지, 열에너지 등이 있다.

지진
地震
- **훈음**: 땅 **지**, 진동할 **진**
- **풀이**: 땅 속의 급격한 변화로 땅이 흔들리거나 갈라지는 현상
- **쓰임**: 地震은 여러 곳에서 일어나는데, 큰 지진이 발생하면 땅이 갈라지고 집이 무너지기도 합니다.

지층
地層
- **훈음**: 땅 **지**, 층 **층**
- **풀이**: 자갈, 모래, 진흙, 생물체 따위가 물밑이나 지표에 덮쳐 쌓여 이룬 층
- **쓰임**: 암석이 층으로 쌓여 있는 것을 '地層'이라고 합니다.

초과
超過
- **훈음**: 넘을 **초**, 지날 **과**
- **풀이**: 일정한 수나 한도를 넘음
- **쓰임**: 160보다 큰 수를 '160 超過인 수'라고 한다.

태양계
太陽系
- **훈음**: 클 **태**, 볕 **양**, 이어 맬 **계**
- **풀이**: 태양을 인력 중심으로 하여 운행하고 있는 천체의 집단
- **쓰임**: 太陽系에서 표면적이 가장 넓은 행성은 목성으로 알려져 있다.

교과서 한자어 자세히 알기

확률 確率
- 훈음: 굳을 **확**, 비율 **률**
- 풀이: 어떤 일이 일어날 확실성의 정도나 그것을 나타내는 수치
- 쓰임: 모든 경우의 수에 대한 어떤 사건이 일어날 경우의 수의 비율을 '確率'이라고 한다.

환경 環境
- 훈음: 고리 **환**, 지경 **경**
- 풀이: 생활체를 둘러싸고 직접 간접으로 영향을 주는 자연, 또는 사회의 조건이나 형편
- 쓰임: 지구의 環境을 보존하기 위하여 세계의 여러 나라들이 함께 노력하고 있습니다.

1 쉬어가는 페이지

名勝地(명승지)의 뜻은 무엇일까?

흔히들 이름나고 잘 알려져서 여행을 다녀올 만한 곳을 뜻한 것이다. 그러나 한자의 뜻대로 풀이하면 名(이름 명), 勝(이길 승), 地(땅 지)로써 "이겨서 이름난 땅"이라는 이상한 해석이 된다. 勝(승)은 "이긴다"는 뜻도 있지만 "좋다"는 뜻도 내포되어 있다. 따라서 名勝地(명승지)란 "아름답고 경치가 좋은 곳"이라는 풀이가 가능하다. 그러므로 한자를 배울 때 대표 훈음 한 가지만 알지 말고 여러 가지 뜻을 알고 있는 것이 낱말 풀이에 효과적이다.

한 자 자 격 시 험 5 급

고사성어

수어지교

'물과 물고기의 사귐'이라는 뜻으로, 물과 물고기처럼 매우 친밀하여 떨어질 수 없는 사이를 비유함

'수어지교(水魚之交)'라는 말은 중국 삼국시대의 유비(劉備)와 제갈량(諸葛亮)의 사이를 비유한 데서 비롯되었습니다. 원래 물고기가 물을 떠나서는 잠시도 살 수 없는 것을 이르는 말로 군신 사이의 친밀한 관계를 뜻하는 말이었으나 오늘날에는 변치 않는 깊은 우정을 이르는 말로 쓰이기도 합니다.

《삼국지》에 보면 당시 위나라의 조조는 강북의 땅, 오나라의 손권은 강동의 땅에서 자리를 잡고 세력을 펴고 있었으나, 촉나라의 유비는 아직 기반을 잡지 못하고 있었습니다. 게다가 유비는 관우와 장비 같은 훌륭한 장수는 얻었으나, 천하를 도모할 지략가는 얻지 못하고 있었습니다.

이러한 때에 유비는 삼고초려한 끝에 제갈공명을 얻게 되어 매우 흡족해 했습니다. 유비의 지략가로 자리매김을 한 제갈공명은 이후에 취해야 할 방침을 다음과 같이 구체적으로 제시합니다.

"형주와 익주를 눌러서 그곳을 근거지로 삼고, 서쪽과 남쪽의 이민족을 어루만져 뒤탈을 없애고, 내정을 다스려 부국강병의 실리를 올리며, 손권과 결탁하여 조조를 고립시켜서 시기를 보아 조조를 토벌할 것입니다."

이를 들은 유비는 전적으로 찬성하여 적극 추진하였습니다. 이를 계기로 유비는 제갈공명을 절대적으로 믿게 되었고, 스승으로 모시며 함께 기거할 정도로 두 사람의 교분은 갈수록 깊어갔습니다.

그러자 관우와 장비는 불만이 생겼습니다. 유비가 젊은 제갈공명만을 중요하게 여기고, 자기들은 가볍게 취급하는 줄로 생각하여 마음 속에 불만을 품게 되었습니다. 이것을 눈치 챈 유비는,

"내가 제갈공명을 얻은 것은 물고기가 물을 얻은 것과 같다. 즉 나와 제갈공명의 관계는 물고기와 물과 같이 떨어질 수가 없는 사이(水魚之交)라는 것이다. 그러니 더 이상 아무 말도 하지 말기를 바란다."라고 준엄하게 타일러 그 이후로 관우와 장비는 불만을 표시하지 않게 되었답니다.

1. 자연, 수학, 환경

고사성어와 한자성어

良 어질, 좋을 량 　藥 약 약 　苦 괴로울, 쓰다 고 　口 입 구

 양약고구

'좋은 약은 입에 쓰다'라는 뜻으로, 바르게 충고하는 말은 귀에 거슬리지만 자신을 이롭게 함을 비유하여 이르는 말

《사기(史記)》의 〈유후세가(留侯世家)〉에 아래와 같은 이야기가 전합니다.

천하를 통일한 진(秦)나라 시황제가 죽자 그간 가혹한 탄압에 시달려온 민중이 각지에서 진나라를 타도하려고 군사를 일으켰습니다. 그 중에는 훗날 한고조가 된 유방(劉邦)과 항우(項羽)도 끼어 있었습니다. 그런데 유방은 항우보다 먼저 진나라의 수도 함양을 함락시키고 입성하게 됩니다.

진나라의 3세 황제 자영에게 항복을 받고 왕궁으로 들어간 유방은 화려하고 호사스러운 궁궐에서 많은 재물과 미인을 보게 됩니다. 원래 술과 여자를 좋아하는 유방이 마음이 동하여 그대로 계속 궁중에 머물려고 하자 강직한 장군인 번쾌가 충심으로 간했습니다.

"아직 천하는 통일되지 않았나이다. 지금부터가 큰일이오니 마음을 놓지 말고 왕궁을 물러나 적당한 곳에 진을 쳐 천하통일에 더욱 분발하소서."

그러나 유방이 듣지 않자 이번에는 현명한 참모로 이름난 장량(張良)이 다시 간했습니다.

"진나라가 포악한 정치를 하여 백성의 원한을 샀기 때문에, 전하와 같은 일개 백성이 이처럼 왕궁에 드실 수 있었던 것이옵니다. 지금 전하께서 하실 일은 천하를 위해 남은 적을 소탕하고 민심을 안정시키는 것이옵니다. 그럼에도 불구하고 지금 전하께서 재물과 미색(美色)에 눈이 멀어 포악한 진왕(秦王)의 음탕함을 배우려 하신다면 포악한 진왕과 다를 바가 없습니다. 원래 '충언은 귀에 거슬리나 행실에 이롭고[忠言逆於耳利於行], 좋은 약은 입에 쓰나 병에 이롭다[良藥苦於口而利於病]'고 하였나이다. 부디 번쾌의 진언을 들으소서."

유방은 이 충언을 듣고 깨달은 바가 많아 왕궁을 물러나 패상 땅에 진을 쳤고, 결국은 천하를 평정하게 되었습니다. 이에서 유래한 '양약고구(良藥苦口)'는 사람은 누구나 자기가 듣기 좋은 말에 귀를 기울이게 되지만, 진실로 자신에게 도움이 되는 말은 귀에는 거슬릴지라도 바르게 충고하는 말이라는 것을 되새기게 하는 고사성어입니다.

알아두면 유익한 한자성어

近墨者黑
가까울 근 / 먹 묵 / 놈 자 / 검을 흑

근묵자흑
'먹을 가까이 하는 사람은 검게 된다.'는 뜻으로, 나쁜 사람을 가까이하면 자신도 모르게 물들기 쉽다는 말

錦上添花
비단 금 / 윗 상 / 더할 첨 / 꽃 화

금상첨화
'비단 위에 꽃을 더한다.'는 뜻으로, 좋은 일에 또 좋은 일이 더해짐을 이르는 말

錦繡江山
비단 금 / 수놓을 수 / 강 강 / 메 산

금수강산
'비단에 수놓은 것 같은 강과 산'이라는 뜻으로, 아름다운 자연을 이르는 말. 우리 나라를 비유하는 말로도 쓰임

氣盡脈盡
기운 기 / 다할 진 / 맥 맥 / 다할 진

기진맥진
'기력이 다하고 맥이 다하여 풀림'이라는 뜻으로, 몹시 피곤하여 지친 상태를 이르는 말

32 1. 자연, 수학, 환경

단원 마무리 연습문제

♣ 다음 ( ) 안에 공통으로 들어갈 한자를 〈보기〉에서 골라 쓰세요. (1~10)

보기
番　別　計　共　科
洋　運　形　消　藥

1. ( )算, 統( )
2. ( )同, ( )感, ( )存
3. 敎( )目, 國語( ), ( )學
4. 週( ), ( )號, ( )地
5. 個( ), 各( ), 差( )
6. ( )火器, ( )毒, ( )去
7. 洋( ), 韓( ), ( )局
8. 太平( ), 大( ), 遠( )漁船
9. ( )動, ( )送, ( )轉
10. 三角( ), 圖( ), ( )體

♣ 다음 뜻에 해당하는 단어를 〈보기〉에서 골라 한자로 조합하여 쓰세요. (11~16)

보기
春　冬　光　強　魚
夏　速　近　弱　線
銀　遠　風　秋

11. 고유어로 풀면 '빛살'이라고 할 수 있죠. 빛줄기라고 할 수 있습니다. 눈에 보이는 이것을 가시(可視-가능할 가 / 볼 시, 즉 '볼 수 있는') ○○이라고 합니다.
( )

12. 빠른 속도를 말합니다. 투수가 아주 빠른 공을 던지면 ○○구라고 하지요.
( )

13. 일 년 사계절을 말하지요.
( )

14. 약한 바람을 말합니다. '미풍, ○○, 강풍'으로 바람세기를 조절합니다.
( )

15. 은빛 물고기라서 이렇게 부릅니다.
( )

16. '멀고 가까움, 또는 먼 곳과 가까운 곳'을 말합니다. 미술에서는 거리감을 살려 멀리 있는 것은 작게, 가까이 있는 것은 크게 그리는 방법을 '○○법'이라고 합니다.
( )

♣ 다음 ( ) 안에 들어갈 적합한 한자어를 바르게 쓴 것을 고르세요. (17~25)

17. 어머니, 과학 시간에 내야 할 (　　)학습지를 작성해야 해요. 무엇을 (　　)하면 좋을까요? 친구들은 주로 애완 동물이나 달의 모양 같은 것을 (　　)한다던대요.

① 觀察　② 關擦　③ 官刹　④ 管察

18. 이번 음악 시험은 단소 불기로 하신대. 채점 (　　)은 교실에 붙여 주신댔어. (　　)중에서 첫째는 정확한 가락이래.

① 氣準　② 基準　③ 期準　④ 記俊

19. 물을 계속 (   )하면 수증기가 발생합니다.

    ① 家熱   ② 可熱   ③ 加熱   ④ 假熱

20. 모든 생물은 (   )子를 갖고 태어납니다. 이것은 친부모를 확인하거나 어떤 범죄의 범인을 잡을 때에도 쓰입니다.

    ① 油田   ② 遺傳   ③ 流轉   ④ 有傳

21. 공부는 자신이 들인 노력에 (   )하여 결과가 나옵니다. 시간과 의지를 투자한다면 그에 (   )하여 좋은 결실이 나올 겁니다.

    ① 非禮   ② 備禮   ③ 比例   ④ 費例

22. 달은 지구의 (   )입니다. 지구 주위를 돌고 있으니까요. 사람들은 인공으로 만들어 우주로 보내기도 하는데 이것을 인공(   )이라고 하지요.

    ① 危星   ② 僞聖   ③ 位星   ④ 衛星

23. 몸무게가 평균치에서 (   )하면 사람들은 비만이라고 합니다. 엘리베이터에 정해진 사람 수보다 많이 타면 인원 (   )로 고장이 나기도 합니다.

    ① 草果   ② 超過   ③ 初過   ④ 超科

24. 지구의 (   )은 날이 갈수록 오염되고 있습니다. 자동차 매연과 일회용품들의 사용은 (   )을 파괴하는 주범입니다.

    ① 還境   ② 環景   ③ 環境   ④ 還京

25. 예전에는 아주 맑아서 헤엄을 치고 놀던 동네 개천이 이제는 많이(   )되어 더러운 하숫물이 되었습니다. 물고기도 살지 못하고 기름만 둥둥 떠다니는 우리 개천을 다시 살립시다.

    ① 汚染   ② 吳染   ③ 汚炎   ④ 烏染

♣ □ 안에 주어진 한자와 <u>반대의 뜻</u>을 가진 한자끼리 짝 지어 보세요. (26~30)

26. 強 •   • 毒

27. 共 •   • 遠

28. 近 •   • 生

29. 消 •   • 弱

30. 藥 •   • 別

정답

1. 計	2. 共	3. 科	4. 番
5. 別	6. 消	7. 藥	8. 洋
9. 運	10. 形	11. 光線	12. 強速
13. 春夏秋冬	14. 弱風	15. 銀魚	16. 遠近
17. ①	18. ②	19. ③	20. ②
21. ③	22. ④	23. ②	24. ③
25. ①	26. 弱	27. 別	28. 遠
29. 生	30. 毒		

2 언어의 세계

2-1. 선정 한자 익히기
2-2. 교과서 한자어 자세히 알기
2-3. 알아두면 유익한 한자성어
2-4. 단원 마무리 연습문제

| 학습의 주안점 |
이 단원에서는 언어의 세계와 관련 있는 한자들을 읽고 쓰며,
그 뜻을 정확히 알도록 노력합시다.

www.hanja114.org

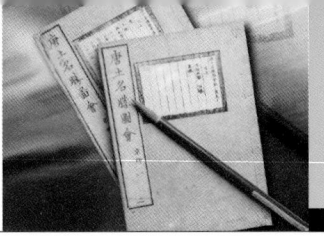

새로 익힐 선정 한자

感	느낄	감	朴	순박할	박	章	글	장
見	볼	견	書	글	서	題	제목	제
苦	괴로울	고	樹	나무	수	第	차례	제
多	많을	다	詩	글	시	晝	낮	주
對	대답할	대	示	보일	시	竹	대	죽
讀	읽을	독	失	잃을	실	窓	창문	창
童	아이	동	言	말씀	언	表	겉	표
樂	즐거울	락	永	길	영	號	이름	호
明	밝을	명	意	뜻	의	話	말씀	화
美	아름다울	미	作	지을	작			

 교과서에 나오는 한자어

결과(結果)	배경(背景)	원인(原因)
고유어(固有語)	비교(比較)	인상(印象)
관용표현(慣用表現)	상상(想像)	창의적(創意的)
광고(廣告)	설득(說得)	정보(情報)
근거(根據)	속담(俗談)	토의(討議)
긍정(肯定)	시조(時調)	편지(便紙)
면담(面談)	여운(餘韻)	표준어(標準語)
묘사(描寫)	역할(役割)	
문맥(文脈)	연상(聯想)	

선정 한자 익히기

훈	느낄 감동할	음	감	부수	心
필순	厂后咸咸感感			총획	13

도움말
'咸'(다 함)과 '心'(마음 심)이 더해진 글자. 모두가 다 고마운 마음을 '느낀다'는 뜻을 지닌다.

용례
感動(감동) 感謝(감사) 感慨(감개)

훈	① 볼, 생각 ② 뵈올, 나타낼	음	① 견 ② 현	부수	見
필순	丨冂冂目月見			총획	7

도움말
'目'(눈 목)과 '儿'(어진사람 인)이 더해진 글자. 사람은 눈으로 본다는 의미에서 '본다'라는 뜻을 지닌다.

용례
意見(의견) 見聞(견문) 見解(견해)

훈	괴로울 쓸	음	고	부수	
필순	艹艹芢苦苦			총획	9

도움말
'艹'(풀 초)와 '古'(옛 고)가 더해진 글자. 풀이 오래 되면 쓰고, 쓴 약을 먹기에는 '괴롭다'는 뜻을 지닌다.

용례
苦痛(고통) 苦悶(고민)

훈	많을	음	다	부수	夕
필순	ノクタタ多多			총획	6

도움말
'夕'(저녁 석) 두 개를 더해 만든 글자. 저녁이 여러 날 지나면 날이 많이 지난다는 뜻에서 '많다'라는 뜻을 가진다.

용례
多義語(다의어) 多樣(다양)
多讀(다독)

훈	대답할 상대 마주볼	음	대	부수	寸
필순	丨业业丵對對			총획	14

도움말
'寸(마디 촌)'과 '한 쌍의 악기를 거는 도구'를 뜻하는 한자가 더한 글자. 악기를 거는 도구는 서로 마주 보도록 만들어졌다는 데서 '마주 보다, 대답하다'는 뜻을 가진다.

용례
對句(대구) 對話(대화)

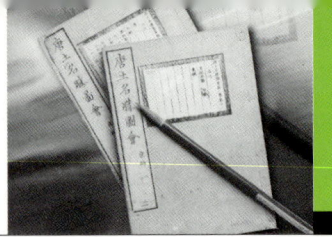

한 자 자 격 시 험 5 급

도움말
'言'(말씀 언)과 '賣'(팔 매)를 더해 만든 글자. 장사꾼들이 물건을 팔 때 소리를 지르듯 소리를 내서 글을 '읽는다'는 뜻을 지닌다.

용례
讀書(독서) 讀後感(독후감)
句讀點(구두점)

훈	① 읽을 ② 귀절	음	① 독 ② 두	부수	言
필순	`言言言讀讀`			총획	22

도움말
'立'(설 립)과 '里'(마을 리)가 더해진 글자. 마을에 서서 노는 '어린 아이'를 뜻한다.

용례
童話(동화) 童謠(동요) 童心(동심)

훈	아이 어리석을	음	동	부수	立
필순	`立音童`			총획	12

도움말
'絲'(실 사)와 '白'(흰 백)과 '木'(나무 목)이 더해진 글자. 혹은 북과 같은 악기의 모양을 본뜬 글자. '악기→풍악→풍류→즐겁다→좋아하다'는 뜻을 지닌다.

용례
樂觀的(낙관적) 娛樂(오락)
樂山樂水(요산요수)

훈	① 즐거울 ② 풍류 ③ 좋아할	음	① 락 ② 악 ③ 요	부수	木
필순	`自 純 樂 樂 樂`			총획	15

도움말
'日'(해 일)과 '月'(달 월)이 더해진 글자. 해와 달은 모두 밝다는 뜻에서 '밝다'라는 뜻을 지닌다.

용례
明白(명백) 明瞭(명료) 明暗(명암)

훈	밝을 똑똑할	음	명	부수	日
필순	`l 冂 日 日 明 明`			총획	8

도움말
'羊'(양 양)과 '大'(큰 대)가 더해진 글자. 양은 클수록 아름답다 해서 '아름답다'는 뜻을 지닌다.

용례
美談(미담) 美文(미문) 美德(미덕)
美食家(미식가)

훈	아름다울 맛날	음	미	부수	羊
필순	`丷 宀 羊 美 美`			총획	9

2. 언어의 세계

선정 한자 익히기

朴 (순박할 박)

훈	순박할	음	박	부수	木
필순	一 十 才 木 术 朴			총획	6

도움말
'木'(나무 목)과 'ㅏ'(점칠 복)이 더해진 글자. 점을 칠 때 나무 껍질을 사용했는데 거북의 등 껍질처럼 나무 껍질이 자연 그대로라는 데서 '순박하다'의 뜻을 지닌다.

용 례
淳朴(순박) 素朴(소박)

書 (글 서)

훈	글 책 편지	음	서	부수	日
필순	丁 긋 聿 書 書 書			총획	10

도움말
'聿'(붓 율)과 '曰'(말하다 왈)을 더한 글자. 붓으로 말하다, 말로 전해 내려오는 것을 붓으로 옮겨 쓴다는 데서 '글'이라는 뜻을 지닌다.

용 례
書頭(서두) 書籍(서적) 書家(서가)

樹 (나무 수)

훈	나무 세울	음	수	부수	木
필순	一 十 村 桔 桔 樹			총획	16

도움말
'木'(나무 목)과 '尌'(세울 주)를 더한 글자. 살아서 서 있는 '나무'를 뜻한다.

용 례
樹立(수립) 樹木(수목) 果樹園(과수원)

詩 (글 시)

훈	글	음	시	부수	言
필순	丶 言 計 詩 詩			총획	13

도움말
'言'(말씀 언)과 '寺'(관청 시)가 더해져 만들어진 글자로, 마음 속 깊이 들어 있는 뜻을 말이나 글로 운치 있게 표현한 글이라 하여 '시'를 뜻한다.

용 례
詩人(시인) 詩想(시상) 詩題(시제)

示 (보일 시)

훈	① 보일, 지시할 ② 땅 귀신	음	① 시 ② 기	부수	示
필순	一 二 亍 示 示			총획	5

도움말
제물을 차려 놓은 제단의 모양을 본뜬 글자. 제사상에 제물을 차려 놓고 신에게 '보인다'는 뜻을 지닌다.

용 례
指示(지시) 暗示(암시)

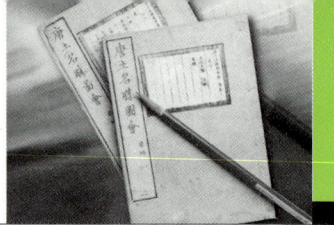

한 자 자 격 시 험 5 급

도움말
'手'(손 수)와 '乙'(굽을 을)이 더해져 만들어진 글자. 손에 있던 물건이 손이 구부러져 떨어져 잃었다는 뜻에서 '잃다'는 뜻을 지닌다.

용례
失望(실망) 失手(실수)

잃을 실

훈	잃을 잘못한	음	실	부수	大
필순	ノ ㄴ 牛 失			총획	5

도움말
'辛'(허물 건)과 '口'(입 구)가 더해진 글자. 입으로 말한다는 뜻에서 '말씀'이라는 뜻을 지닌다.

용례
言語(언어) 言文(언문)

말씀 언

훈	말씀	음	언	부수	言
필순	ㆍ 亠 亠 言 言			총획	7

도움말
물이 여러 갈래로 흐르는 모양을 본뜬 글자. 물이 합쳐져 멀리 흘러간다 하여 '길다'라는 뜻을 지닌다.

용례
永遠(영원) 永久(영구)

길 영

훈	길 오랠	음	영	부수	水
필순	ㆍ 亅 亅 永 永			총획	5

도움말
'音'(소리 음)과 '心'(마음 심)을 더해 만든 글자. 말로 나타내고자 하는 마음 속의 '생각'이라는 뜻을 지닌다.

용례
意味(의미) 意志(의지) 意義(의의)

뜻 의

훈	뜻 의미	음	의	부수	心
필순	ㆍ 亠 音 意 意			총획	13

도움말
'人'(사람 인)과 '乍'(잠깐 사)가 더해져 만들어진 글자. 사람이 잠깐도 쉬지 않고 물건을 만든다 하여 '짓는다'의 뜻을 지닌다.

용례
作家(작가) 作文(작문)

지을 작

훈	지을 일어날 일할	음	작	부수	人(亻)
필순	ノ 亻 亻 作 作 作			총획	7

선정 한자 익히기

글 장

훈	글 나타날 도장	음	장	부수	立
필순	ㅗ 立 音 音 章			총획	11

도움말
'音'(소리 음)과 '十'(열 십)이 더해진 글자. 십에서 수가 일단락 지어지듯, 문장이 일단락 지어지는 한 '장'의 뜻을 지닌다.

용례
文章(문장) 圖章(도장)

제목 제

훈	제목 이마 문제	음	제	부수	頁
필순				총획	18

도움말
'是'(이 시)와 '頁'(머리 혈)이 더해져 만들어진 글자. 머리 부분이 눈에 띄는 곳이라는 데서 책의 '제목'이라는 뜻을 지닌다.

용례
題目(제목) 主題(주제) 問題(문제)

차례 제

훈	차례 집 시험	음	제	부수	竹
필순	ㅏ ㅆ ㅆ ㅆ 笫 第			총획	11

도움말
'竹'(대 죽)과 '弟'(아우 제=순서를 나타냄)가 더해져 만들어진 글자. 대쪽에 글을 써서 순서대로 엮는다 하여 '차례'의 뜻을 지닌다.

용례
第三世界(제삼세계) 及第(급제)

낮 주

훈	낮	음	주	부수	日
필순	ㄱ ㅋ 聿 書 書 晝			총획	11

도움말
'畵'(그을 획-획줄임)과 '日'(날 일)을 더한 글자. 밤과 낮을 구분하고 해가 빛나는 '낮'을 뜻한다.

용례
晝耕夜讀(주경야독) 晝夜(주야)

대 죽

훈	대	음	죽	부수	竹
필순	ㅣ ㅗ ㅓ ㅑ 竹			총획	6

도움말
대나무의 줄기와 잎의 모양을 본떠 만든 글자

용례
竹筍(죽순) 竹馬故友(죽마고우)

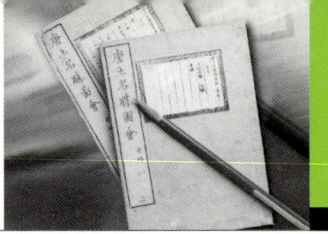

한 자 자 격 시 험 5 급

도움말

'穴'(구멍 혈)과 '悤'(밝을 총)을 더해 만든 글자. 벽에 구멍을 내어 밝은 빛을 받아들이게 한 것이 '창문'이라는 뜻을 지닌다.

용례

窓門(창문) 同窓(동창)

창문 **창**

훈	창문	음	창	부수	穴
필순	ˊ宀宀㲀窓窓			총획	11

도움말

'毛'(털 모)와 '衣'(옷 의)를 더해 만든 글자. 털로 만든 옷은 그 털이 겉으로 나온다는 데서 '겉'이라는 뜻을 지닌다.

용례

表現(표현) 表面(표면) 表決(표결) 師表(사표)

겉 **표**

훈	겉 밝힐 모범	음	표	부수	衣
필순	=主丰表表			총획	8

도움말

'号'(이름 호)와 '虎'(범 호)가 더해진 글자. 이름 부르는 소리가 범의 울음 소리처럼 우렁차다 하여 '부르짖다'와 부르는 '이름'이라는 뜻을 지닌다.

용례

符號(부호) 號令(호령)

이름 **호**

훈	이름 부르짖을	음	호	부수	虍
필순	ㅁ号号號號號			총획	13

도움말

'言'(말씀 언)과 '舌'(혀 설)이 더해진 글자로, 혀가 있어야 말을 할 수 있다는 데서 '말씀'이라는 뜻을 지닌다.

용례

對話(대화) 話法(화법)

말씀 **화**

훈	말씀 이야기	음	화	부수	言
필순	ˊ言言訂話			총획	13

2. 언어의 세계

교과서 한자어 자세히 알기

결과 / 結果
- **훈음**: 맺을 **결**, 과실 **과**
- **풀이**: 어떤 까닭으로 말미암아 이루어지는 결말. 열매를 맺음
- **쓰임**: 모은 자료를 각 문제의 원인과 結果로 나누어 정리하였다.

고유어 / 固有語
- **훈음**: 굳을 **고**, 있을 **유**, 말씀 **어**
- **풀이**: 그 나라의 민족의 역사와 함께 변천·발달해 온 고유의 언어
- **쓰임**: 固有語 이름은 사람 이름뿐만 아니라 회사나 가게의 이름, 상품의 이름 등에도 많이 사용되고 있습니다.

관용표현 / 慣用表現
- **훈음**: 버릇 **관**, 쓸 **용**, 겉 **표**, 나타날 **현**
- **풀이**: 둘 이상의 낱말이 어울려 원래의 뜻과는 다른, 새로운 뜻으로 굳어져 쓰이는 표현
- **쓰임**: '미역국 먹었어요.' 라는 慣用 表現은 시험에 떨어졌을 때 쓴다.

광고 / 廣告
- **훈음**: 넓을 **광**, 알릴 **고**
- **풀이**: 세상에 널리 알림. 상품 등의 상업 선전이나 그것을 위한 글이나 그림
- **쓰임**: 廣告를 보고, 그 廣告가 전달하고자 하는 내용이 무엇인지 생각하여 봅시다.

근거 / 根據
- **훈음**: 뿌리 **근**, 의거할 **거**
- **풀이**: 어떤 의견이나 논의 따위의 이유 또는 바탕이 되는 것
- **쓰임**: 주장은 어떤 문제에 대하여 내세우는 글쓴이의 의견이고, 根據는 그 주장을 뒷받침하는 내용이다.

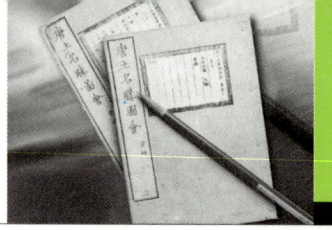

한자자격시험 5급

긍정 肯定
- **훈음**: 즐길 긍, 정할 정
- **풀이**: 어떤 사실이나 생각 따위를 그러하다고 인정함
- **쓰임**: '오체 불만족'을 쓴 오도다케의 肯定적인 태도는 그를 보통 아이와 다를 바가 없다는 생각으로 키워 주신 부모님 덕택에 길러진 것입니다.

면담 面談
- **훈음**: 낯 면, 말씀 담
- **풀이**: 서로 만나서 이야기함
- **쓰임**: 가족을 面談하고, 우리 가족이 나에게 바라는 점에 대하여 글을 써 봅시다.

묘사 描寫
- **훈음**: 그릴 묘, 베낄 사
- **풀이**: 눈으로 보거나 마음으로 느낀 것 등을 있는 그대로 표현함
- **쓰임**: 사물, 사람, 동물, 풍경 등을 눈에 보이듯이 사실적으로 생생하게 그려내는 일을 描寫라고 합니다.

문맥 文脈
- **훈음**: 글월 문, 맥 맥
- **풀이**: 글의 연결이나 줄거리
- **쓰임**: 같은 표현도 文脈에 따라 뜻이 달라질 수 있다.

배경 背景
- **훈음**: 등 배, 볕 경
- **풀이**: 뒤쪽의 경치, 무대 장치, 사진이나 그림 등에서 그 주요 제재 뒤편에 펼쳐진 부분, 작품의 시대적·역사적인 환경, 뒤에서 돌보아 주는 힘
- **쓰임**: 인물의 마음을 헤아려 보기, 사건을 자신의 경험과 관련짓기, 背景이 사건의 전개과정에 미치는 영향 파악하기 등의 활동을 통해서 이야기를 창의적으로 읽을 수 있습니다.

교과서 한자어 자세히 알기

www.hanja114.org

비교 — 比較
- **훈음**: 견줄 비, 견줄 교
- **풀이**: 둘 이상의 사물을 서로 견주어 봄
- **쓰임**: 정보를 전달하는 글에는 대상의 공통점이나 차이점에 대한 정보를 比較·대조의 방법으로 내용을 조직하는 경우가 있습니다.

상상 — 想像
- **훈음**: 생각 상, 형상 상
- **풀이**: 머릿속으로 그려서 생각함
- **쓰임**: 이야기를 듣고, 들은 이야기에 이어질 내용을 想像하여 써 봅시다.

설득 — 說得
- **훈음**: 말씀 설, 얻을 득
- **풀이**: 잘 설명하거나 타이르거나 해서 알아차리게 함
- **쓰임**: 說得적인 글을 읽을 때에는 글쓴이가 제시한 해결 방안이 적절한지 따져 보며 읽는 것이 좋습니다.

속담 — 俗談
- **훈음**: 풍속 속, 말씀 담
- **풀이**: 옛날부터 민간에 전해 내려오면서 교훈이나 풍자적인 내용을 표현한 짧은 말
- **쓰임**: '뚝배기보다 장맛'이라는 俗談은 '얼굴보다 마음'이라고 바꿀 수 있겠지요.

시조 — 時調
- **훈음**: 때 시, 고를 조
- **풀이**: 고려 시대부터 발달하여 온 우리 나라 고유의 정형시
- **쓰임**: 時調는 우리 민족의 얼과 정서가 담겨 있는 우리 고유의 시가입니다.

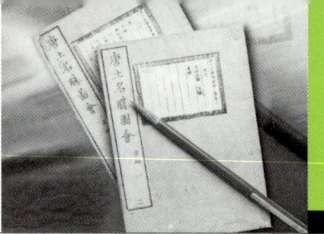

한자자격시험 5급

여운 餘韻

- **훈음** 남을 **여**, 운, 운치 **운**
- **풀이** 일이 끝난 다음에도 남아 있는 느낌이나 정취, 말로 직접 표현하지 않은 데서 느껴지는 정취
- **쓰임** '진달래꽃'이라는 시를 읽고, 시의 餘韻을 느껴 보자.

역할 役割

- **훈음** 부릴 **역**, 벨 **할**
- **풀이** 구실
- **쓰임** 役割을 정하여 '베니스의 상인'을 연극으로 꾸며 보았다.

연상 聯想

- **훈음** 잇닿을 **련**, 생각 **상**
- **풀이** 어떤 사물을 보거나 듣거나 생각하거나 할 때, 그와 관련 있는 다른 사물이 머리에 떠오르는 일
- **쓰임** 달을 보고 聯想되는 것을 말해 보라면 사람마다 다르다.

원인 原因

- **훈음** 근본 **원**, 인할 **인**
- **풀이** 사물의 말미암은 까닭
- **쓰임** 소아 비만의 原因은 크게 유전, 환경, 심리, 병 등 네 가지이다.

인상 印象

- **훈음** 도장 **인**, 코끼리 **상**
- **풀이** 사물이 사람의 마음에 주는 감각. 마음에 깊이 새겨져 잊혀지지 않는 자취
- **쓰임** 내가 印象 깊게 읽었던 작품을 떠올려 보고 그 작품에 나오는 인물이 추구하는 삶은 무엇이 있는지 말하여 봅시다.

2. 언어의 세계

교과서 한자어 자세히 알기

www.hanja114.org

창의적
創意的

- **훈음**: 비롯할 **창**, 뜻 **의**, 과녁 **적**
- **풀이**: 새로운 생각이나 의견
- **쓰임**: 시를 創意的으로 읽는다는 것은 읽는 사람의 경험이나 상상을 바탕으로 다양한 관점에서 시를 이해하는 것을 말합니다.

정보
情報

- **훈음**: 뜻 **정**, 갚을 · 알릴 **보**
- **풀이**: 사물의 내용이나 형편에 관한 소식이나 재료
- **쓰임**: 우리는 필요한 情報가 있을 때, 책이나 인터넷 등 여러 가지 자료를 통하여 情報를 찾는다.

토의
討議

- **훈음**: 칠 **토**, 의논할 **의**
- **풀이**: 어떤 문제에 대하여 각자의 의견을 내놓고 검토하고 의논함
- **쓰임**: 일상 생활에서 느끼는 문제에 대하여 討議하고, 문제와 해결의 짜임으로 건의하는 글을 써 봅시다.

편지
便紙

- **훈음**: 편할 **편**, 종이 **지**
- **풀이**: 상대편에게 전하고 싶은 일 등을 적어 보내는 글
- **쓰임**: 동화를 읽고 나오는 인물 가운데에서 한 명을 골라, 내 의견이 드러나게 便紙를 써 봅시다.

표준어
標準語

- **훈음**: 표할 **표**, 법도 **준**, 말씀 **어**
- **풀이**: 교육적 · 문화적인 편의를 위하여 한 나라의 표준이 되게 정한 말. 우리 나라에서는 교양 있는 사람들이 두루 쓰는 현대 서울말로 정함을 원칙으로 하고 있음
- **쓰임**: 공식적인 자리에서는 標準語를 사용한다.

한자자격시험 5급

꼭 알아야 할 고사성어

흰 백 　 낯 면 　 글 서 　 날 생

백면서생

'글만 읽어 얼굴이 창백한 사람'이라는 뜻으로, 공부만 하여 세상 물정에 어둡고 경험이 없는 사람을 이르는 말

우리가 중요한 일을 결정할 때 경험은 적은데 이론만 잘 아는 사람보다는 경험이 많고 사리 판단이 분명한 사람의 의견을 많이 따르게 됩니다. 공부만 하여 세상 물정에 어두운 사람, 즉 백면서생의 의견을 판단의 기준으로 삼기에는 부족함이 있고, 실패할 확률이 높기 때문이겠지요.

백면서생(白面書生)의 의견만 따르다가 실패한 일은 남북조 시대에도 있었나 봅니다. 남조인 송(宋)나라 때 심경지(沈慶之)라는 사람이 있었습니다. 그는 어릴 때부터 힘써 무예를 닦아 그 기량이 매우 뛰어났습니다. 전(前)왕조인 동진(東晉:317~420)의 손은(孫恩) 장군이 반란을 일으켰을 때, 그는 불과 10세의 어린 나이로 한 무리의 병사를 이끌고 반란군과 싸워 번번이 승리하여 이름을 떨쳤답니다.

그의 나이 40세 때에는 이민족(異民族)의 반란을 진압한 공로로 장군에 임명되었어요. 효무제(孝武帝:453~464) 때는 도읍인 건강(建康:南京)을 지키는 방위 책임자로 승진했습니다. 그 후 또 많은 공을 세워 건무장군(建武將軍)에 임명되어 변경 수비군의 총수(總帥)로 부임했답니다. 심경지는 한마디로 실전과 경험이 많은 사람이었지요.

어느 날 효무제는 심경지가 참석한 자리에 문신들을 불러 놓고 숙적인 북위(北魏:386~534)를 치기 위한 출병을 논의했습니다. 먼저 심경지는 이전에 왜 북벌(北伐)이 실패하였는가를 이야기하면서 이번 출병을 반대하고 이렇게 말했습니다.

"폐하, 밭갈이는 농부에게 맡기고 바느질은 아낙에게 맡겨야 하옵니다. 하온데 폐하께서는 어찌 북벌 출병을 '백면서생(白面書生)'과 논의하려 하시나이까?"

그러나 효무제는 실정을 잘 아는 심경지의 의견을 듣지 않고 이론에만 밝은 문신들의 의견을 받아들여 출병했다가 크게 패하고 말았습니다.

심경지의 말에서 유래한 백면서생(白面書生)이란, 얼굴이 검은 무관과 대비하여 집 안에만 틀어박혀 오로지 책만 읽어 창백한 얼굴의 문신들을 가리키며, 말로만 떠들고 전혀 경험이 없는 사람 또는 세상일에 경험이 적은 초년생을 비꼬아서 하는 말입니다.

고사성어와 한자성어

風 바람 풍 樹 나무 수 之 갈, 어조사 지 嘆 탄식할 탄

 풍수지탄

'바람과 나무의 탄식'이라는 뜻으로, 어버이가 돌아가시어 효도를 하고 싶어도 할 수 없는 슬픔을 이르는 말

어버이 살아신제 섬길일란 다하여라
지나간 후면 애달프다 어이하리
평생에 고쳐 못할 일이 이뿐인가 하노라

이 시조는 정철의 '훈민가'의 한 수로 풍수지탄(風樹之嘆)의 심경을 잘 표현하고 있습니다. '풍수지탄(風樹之嘆)'이란 《한시외전(韓詩外傳)》 9권에 나오는 말로 어버이가 돌아가시어 효도를 하고 싶어도 할 수 없는 슬픔을 이르는 말입니다.

공자가 제자들과 길을 가다가 하루는 몹시 울며 슬퍼하는 사람을 만났습니다. 공자는 "그대가 상을 당한 듯한데, 다른 사람보다 유달리 슬프게 곡을 하는 이유가 무엇인가?"하고 물었습니다. 이에 곡을 하던 사람은 자신이 우는 까닭을 이렇게 말했습니다.

"저는 세 가지 잘못을 저질렀습니다. 그 첫째는 젊었을 때 천하를 두루 돌아다니다가 집에 와보니 부모님이 이미 세상을 떠나신 것이요, 둘째는 섬기고 있던 군주가 사치를 좋아하고 충언을 듣지 않아 그에게서 도망쳐 온 것이요, 셋째는 부득이한 사정으로 교제를 하던 친구와의 사귐을 끊은 것입니다.

무릇 나무는 조용히 있고자 하나 바람 잘 날이 없고(樹欲靜而風不止), 자식이 부모를 모시고자 하나 부모는 이미 안 계신 것입니다(子欲養而親不待). 효도 할 생각으로 찾아가도 뵈올 수 없는 것이 부모인 것입니다." 이 말을 마치고 그는 슬픔에 못 이기어 마른 나무에 기대어 죽고 말았습니다.

이처럼 '풍수지탄(風樹之嘆)'이란 부모가 돌아가신 후 효도를 할 수 없는 슬픔을 탄식하는 것을 가리키는 말로 부모가 살아계실 때 효도를 다하라는 뜻으로 쓰이는 말입니다.

한 자 자 격 시 험 5 급

알아두면 유익한 한자성어

큰 대 / 놀랄 경 / 잃을 실 / 빛 색

대경실색
'크게 놀라 원래의 얼굴 빛을 잃어버리고 하얗게 변함' 이라는 뜻으로, 몹시 놀람을 이르는 말

등잔 등 / 아래 하 / 아니 불 / 밝을 명

등하불명
'등잔 밑이 어둡다.' 는 뜻으로, 가까이에 있는 것을 오히려 더 잘 모름을 이르는 말

말씀 언 / 가운데 중 / 있을 유 / 뼈 골

언중유골
'말 가운데 뼈가 있다.' 는 뜻으로, 평범한 말 같으나 그 속에 단단한 속뜻이 들어 있음을 이르는 말

소 우 / 귀 이 / 읽을 독 / 지날, 글 경

우이독경
'쇠귀에 경 읽기' 라는 뜻으로, 아무리 가르치고 일러 주어도 알아듣지 못함을 이르는 말

2. 언어의 세계

단원 마무리 연습문제

♣ 다음 ( ) 안에 공통으로 들어갈 한자를 〈보기〉에서 골라 쓰세요. (1~9)

보기
書　竹　意　作　朴
題　第　窓　見

1. ( )聞, 意( ), 發( )
2. 淳( ), ( )氏, 厚( )
3. ( )藝, 讀( ), 敎科( )
4. ( )見, 注( ), ( )識
5. ( )文, ( )名, ( )曲
6. 主( ), ( )目, ( )材
7. ( )馬故友, 雨後( )筍
8. ( )門, ( )戶紙
9. ( )一, ( )三人物, ( )二次大戰

♣ 다음 뜻에 해당하는 단어를 〈보기〉에서 골라 한자로 조합하여 쓰세요. (10~16)

보기
樂　感　對　詩　明
話　多　讀　失　童
苦　示　美　言

10. 책을 많이 읽는 것을 ○○이라고 합니다.
　　( )

11. 함께 이야기 나누는 것을 ○○라고 하지요. 인터넷 상에서 ○○를 나누는 것을 채팅이라고도 합니다.
　　( )

12. 아이들이 짓거나 아이들이 읽기 위해 쓴 짧은 시를 ○○라고 합니다. ○○에 가락을 붙여 노래를 만들기도 합니다.
　　( )

13. 어떤 사실이나 내용을 분명하게 나타내어 보이는 것을 ○○라고 합니다. 국민의 행복 추구는 헌법에 ○○되어 있지요. 반대는 '암시'라고 합니다. 겉으로 드러나지 않게 나타내는 것이지요.
　　( )

14. 실수로 말을 잘못하면 ○○했다고 합니다.
　　( )

15. 즐거움과 괴로움을 함께 한 사이를 ○○을 함께 한 사이라고 하지요.
　　( )

16. 아름다운 느낌, 아름답다고 생각하게 되는 것을 ○○이라고 합니다.
　　( )

♣ 다음 ( ) 안에 들어갈 적합한 한자어를 바르게 쓴 것을 고르세요. (17~25)

17. 친구의 생각이 맞다고 여기면 ( )의 뜻으로 박수를 쳐주세요. 친구의 생각에 부정적인 사람들은 그냥 있으면 됩니다.
　① 肯定　② 矜正　③ 肯正　④ 肯政

18. 시험 끝난 뒤 열심히 공부하는 사람에게 ( )로 표현한다면 "소 잃고 외양간 고친다."고 해야겠지요.
　① 關用語　② 慣用語
　③ 官用語　④ 觀用語

19. 맑은 하늘, 하얀 구름, 빛나는 햇살, 이렇게 아름다운 모습을 글로 (   )하면 한 편의 시가 될 것 같아요.

    ① 妙思   ② 猫鯊   ③ 描寫   ④ 苗事

20. 그림을 그릴 때는 주된 대상을 선명하게 (   )은 흐릿하게 그리는 게 좋습니다. 그리고 소설에서는 등장 인물이 살고 있는 시간과 공간, 즉, (   )을 이해하면 더 작품을 잘 파악할 수 있어요.

    ① 陪耕   ② 背京   ③ 倍景   ④ 背景

21. 엄마, 제발 텔레비전 조금만 더 볼 수 있게 해 주세요. 이것만 끝나면 진짜 공부할게요. 어떻게 하면 제 말에 (   )당하시겠어요? 제발 제 말을 믿어 주세요.

    ① 設得   ② 設得   ③ 雪得   ④ 說得

22. '死後藥方文(사후약방문)'이란 말이 있습니다. 죽은 후에 약을 처방한다는 뜻이지요. 이것을 (   )으로 표현하면 어떻게 해야 할까요? 아마 '소 잃고 외양간 고친다.' 라고 해야겠지요.

    ① 俗談   ② 速談   ③ 俗淡   ④ 續談

23. 시나 소설을 읽을 때에는 상황을 머릿속으로 그려 가면서 즉, (   )하면서 읽어야 한답니다. (   )이 너무 지나치게 황당한 지경으로 이루어지면 그것은 空想(공상)이 되겠지요.

    ① 想想   ② 想像   ③ 上相   ④ 相償

24. 사람은 첫 (   )이 중요하다는 말을 곧잘 합니다. 평소에 단정하고 깔끔한 모습을 지속한다면 누구에게나 좋은 첫 (   )을 심어 줄 수 있겠지요.

    ① 引上   ② 人像   ③ 印象   ④ 人象

25. 좋은 노래를 듣고 나면 그 멜로디의 (   )이 남아 계속 귓전에 맴돕니다. 사람도 (   )을 남길 수 있다면 좋겠지요. 다른 이들에게 아름다운 (   )을 남길 수 있도록 좋은 것들을 많이 경험합시다.

    ① 如雲   ② 餘運   ③ 餘雲   ④ 餘韻

♣ 다음 한자와 유사한 뜻을 가진 한자를 〈보기〉에서 골라 쓰세요. (26~28)

보기

號   樹   永   章
林   短   養

26. 名 :

27. 木 :

28. 長 :

♣ 다음 한자와 반대의 뜻을 가진 한자를 〈보기〉에서 골라 쓰세요. (29~30)

보기

表   晝   外   夕

29. 裏 :

30. 夜 :

정답

1. 見	2. 朴	3. 書	4. 意
5. 作	6. 題	7. 竹	8. 窓
9. 第	10. 多讀	11. 對話	12. 童詩
13. 明示	14. 失言	15. 苦樂	16. 美感
17. ①	18. ②	19. ③	20. ④
21. ④	22. ①	23. ②	24. ③
25. ④	26. 號	27. 樹	28. 永
29. 表	30. 晝		

3 사회, 정치, 경제

3-1. 선정 한자 익히기
3-2. 교과서 한자어 자세히 알기
3-3. 알아두면 유익한 한자성어
3-4. 단원 마무리 연습문제

| 학습의 주안점 |
이 단원에서는 사회, 정치, 경제와 관련 있는 한자들을 읽고 쓰며,
그 뜻을 정확히 알도록 노력합시다.

www.hanja114.org

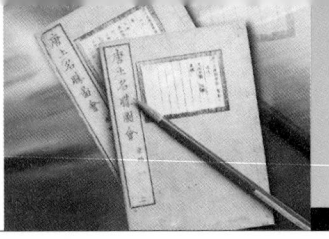

새로 익힐 선정 한자

各	각각	각	服	옷	복	重	무거울	중
去	갈	거	成	이룰	성	直	곧을	직
交	사귈	교	首	머리	수	通	통할	통
短	짧을	단	始	처음	시	便	편할	편
堂	집	당	業	일	업	品	물건	품
度	법도	도	用	쓸	용	活	살	활
利	이로울	리	友	벗	우	會	모일	회
無	없을	무	元	으뜸	원	後	뒤	후
聞	들을	문	者	놈	자			
放	놓을	방	在	있을	재			

교과서에 나오는 한자어

경제(經濟)	사법부(司法府)	저금(貯金)
공공(公共)	사회(社會)	정치(政治)
공정(工程)	선거(選擧)	참정권(參政權)
권리(權利)	선택(選擇)	첨단(尖端)
규칙(規則)	세금(稅金)	타협(妥協)
극미세(極微細)	수입(收入)	투자(投資)
단체(團體)	수출(輸出)	투표(投票)
박람회(博覽會)	자유(自由)	해결(解決)

3. 사회, 정치, 경제

선정 한자 익히기

훈	각각 제각기	음	각	부수	口
필순	ノ ク 夂 久 各			총획	6

도움말
'夂'(뒤져올 치)와 '口'(입 구)를 더해 만든 글자. 앞에 한 말과 뒤에 하는 말이 다르다 하여 '각각'의 뜻을 지닌다.

용례
各各(각각) 各別(각별)

훈	갈 버릴 없앨	음	거	부수	厶
필순	一 十 土 去 去			총획	5

도움말
밥그릇과 뚜껑을 본뜬 글자. 솥에서 밥을 떠서 그릇에 담는다는 데서 '덜다', '가다'의 뜻을 지닌다.

용례
去來(거래) 除去(제거)

훈	사귈 섞일 바꿀	음	교	부수	亠
필순	亠 ㆍ 宀 六 交 交			총획	6

도움말
사람이 두 발을 교차하여 걷는 모습을 본뜬 글자. 두 발을 맞춰 나가는 모습에서 '서로', '사귀다'라는 뜻을 지닌다.

용례
交流(교류) 交換(교환)

훈	짧을 모자랄 허물	음	단	부수	矢
필순	丿 矢 矢 矢 短 短			총획	12

도움말
'矢'(화살 시)와 '豆'(콩 두)를 더해 만든 글자. 옛날 짧은 길이를 재는 화살과, 작은 물건을 가리키는 콩 두(豆)를 더해 '짧다'는 뜻을 지닌다.

용례
長短點(장단점) 短縮(단축)

훈	집 정당할	음	당	부수	土
필순	亅 丬 ㅛ 尚 堂 堂			총획	11

도움말
'尙'(높을 상)과 '土'(흙 토)를 더해 만든 글자. 높게 흙을 만들고 그 위에 지은 큰 '집'을 뜻한다.

용례
政堂(정당) 堂堂(당당) 堂叔(당숙)

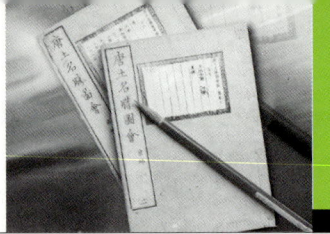

한자자격시험 5급

도움말
'庶'(무리 서-획줄임)와 '又'(오른 우)를 더한 글자. 익숙한 사람들은 손으로 잰 것과 자로 잰 것이 같다는 데서 '재다, 법도'라는 뜻을 지닌다.

용례
態度(태도) 尺度(척도) 溫度(온도) 忖度(촌탁)

度 법도 도

훈	① 법도, 모양 ② 헤아릴	음	① 도 ② 탁	부수	广
필순	一广广户庐度			총획	9

도움말
'禾'(벼 화)와 '刀'(칼 도)를 더해 만든 글자. 벼를 낫으로 베어 수확한다는 데서 '이롭다'는 뜻을 지닌다.

용례
利益(이익) 權利(권리) 便利(편리)

利 이로울 리

훈	이로울 날카로울	음	리	부수	刀(刂)
필순	一二千禾利利			총획	7

도움말
'大'(큰 대)와 수풀을 뜻하는 글자에 '火'(불 화)를 더해 만든 글자. 나무가 무성한 큰 숲도 불이 나서 타면 다 없어진다는 뜻을 지닌다.

용례
無責任(무책임) 無能(무능)
無效(무효)

無 없을 무

훈	없을	음	무	부수	火(灬)
필순	ノ 亠 느 無 無 無			총획	12

도움말
'門'(문 문)과 '耳'(귀 이)가 더해진 글자. 문에 귀를 대고 엿듣는다는 데서 '듣다'는 뜻을 지닌다.

용례
所聞(소문) 見聞(견문)

聞 들을 문

훈	들을 냄새 맡을	음	문	부수	耳
필순	丨卩門門聞			총획	14

도움말
'方'(방위 방)과 '攵'(칠 복)을 더해 만든 글자. 회초리를 들어 먼 방향으로 내쫓는다는 뜻으로 나아가 '놓아준다'는 뜻을 지닌다.

용례
放置(방치) 放學(방학) 放心(방심)

放 놓을 방

훈	놓을 내버려 둘	음	방	부수	攵
필순	丶一方方放			총획	8

3. 사회, 정치, 경제

선정 한자 익히기

옷 복

훈	옷 복종할 약 먹을	음	복	부수	月
필순	ノ月月月肌服服服			총획	8

도움말
'月'(배 주)과 '艮'(다스릴 복)을 더해 만든 글자. 달처럼 몸을 따뜻하게 보호하는 것이 '옷'이라는 뜻이다.

용례
校服(교복) 衣服(의복) 服從(복종)

이룰 성

훈	이룰 될	음	성	부수	戈
필순	丿厂厂成成成			총획	7

도움말
'戊'(무성할 무)와 '丁'(장정 정)이 더해진 글자. 혈기가 왕성한 장정은 일을 잘 성취시킨다, '이룬다'는 뜻이다.

용례
成功(성공) 成長(성장) 形成(형성)

머리 수

훈	머리 첫째	음	수	부수	首
필순				총획	9

도움말
앞쪽에서 사람의 머리를 본 모양을 본뜬 글자

용례
首席(수석) 國家元首(국가원수)

처음 시

훈	처음 비로소	음	시	부수	女
필순	ㄑ 女 女 妒 妒 始 始			총획	8

도움말
'女'(여자 녀)와 '台'(기쁠 이, 별 태)를 더한 글자. 여자의 몸에서 길러지는 아이는 생명의 시작이라는 데서 '처음'이라는 뜻을 지닌다.

용례
始作(시작) 始祖(시조) 原始人(원시인)

일 업

훈	일	음	업	부수	木
필순	''业业业業業			총획	13

도움말
악기를 거는 받침을 본뜬 글자. 음악을 하려면 이 받침을 거는 일부터 한다는 데서 '일'이라는 뜻을 지닌다.

용례
業績(업적) 農業(농업) 産業(산업)

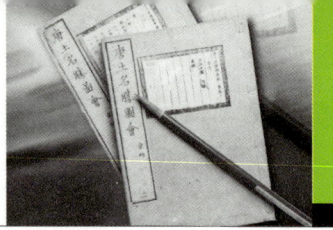

한자자격시험 5급

도움말
'卜'(점 복)과 '中'(가운데 중)을 더한 글자. 옛날에 점을 쳐서 맞으면 그것을 시행한다는 뜻에서 '쓰다'의 뜻을 지닌다.

용례
信用(신용) 活用(활용) 用品(용품)

훈	쓸	음	용	부수	用
필순	ノ 冂 月 月 用			총획	5

도움말
'ナ'(왼손 좌)와 '又'(오른손 우)를 더한 글자. 손과 손을 잡고 서로 돕는다는 데서 '친구'라는 뜻을 지닌다.

용례
友情(우정) 竹馬故友(죽마고우)

훈	벗 우애	음	우	부수	又
필순	一 ナ 方 友			총획	4

도움말
'二'(二=上의 변형, 윗 상)과 '儿'(어진사람 인)이 더해진 글자. 사람의 몸의 가장 위를 뜻하여 '으뜸'이라는 뜻을 지닌다.

용례
元年(원년) 元祖(원조)

훈	으뜸 처음 기운	음	원	부수	儿
필순	一 二 ニ 元			총획	4

도움말
'耂'(늙을 노)와 '白'(고백할 백)이 더해진 글자. 노인이 사람을 칭할 때 이'놈' 저'놈'한다는 데서 '놈, 사람'이라는 뜻을 지닌다.

용례
勝者(승자) 讀者(독자)

훈	놈 것	음	자	부수	耂
필순	一 十 土 耂 者 者			총획	9

도움말
'才'(바탕 재)와 '土'(흙 토)가 더해져 만들어진 글자. 새싹이 땅위에 있다는 데서 '있다'는 뜻을 지닌다.

용례
存在(존재) 現在(현재)
主權在民(주권재민)

훈	있을 살	음	재	부수	土
필순	一 ナ 才 扩 存 在			총획	6

3. 사회, 정치, 경제

선정 한자 익히기

훈	무거울 심할 중요할	음	중	부수	里
필순	一 二 午 育 貢 重			총획	9

도움말
사람이 등에 무거운 짐을 지고 있는 모습을 본뜬 글자

용례
重要(중요) 尊重(존중) 重量(중량)

훈	곧을 바로 다만	음	직	부수	目
필순	一 十 广 方 直 直			총획	8

도움말
'十'(열 십), '目'(눈 목), 'L'(숨을 은)을 더해 만든 글자. 열 개의 눈으로 보면 아무리 숨기려 해도 감출 수 없어 바르다 하여 '곧다'라는 뜻을 지닌다.

용례
直接民主主義(직접민주주의)
直進(직진)

훈	통할 알릴 다닐	음	통	부수	辶
필순	一 マ ア 甬 通			총획	11

도움말
'辶'(쉬엄쉬엄갈 착)과 '甬'(골목길 용)이 더해진 글자. 골목길과 큰 길이 모두 통하여 있다는 데서 '통하다'는 뜻을 지닌다.

용례
通過(통과) 通路(통로) 交通(교통)
通知(통지)

훈	① 편할, 소식 ② 똥, 오줌	음	① 편 ② 변	부수	人(亻)
필순	亻 亻 仨 佢 便 便			총획	9

도움말
'亻'(사람 인)과 '更'(고칠 경)이 더해진 글자. 사람은 고칠 것이 있으면 고쳐 편리하게 한다는 데서 '편하다'는 뜻을 지닌다.

용례
便利(편리) 不便(불편)

훈	물건 등급 품계	음	품	부수	口
필순	丨 口 口 品 品			총획	9

도움말
'口'(입 구)가 세 개 모여 이루어진 한자. 입이 셋이나 되어 여러 층의 사람들이 모였다는 데서 '품계'의 뜻을 지닌다.

용례
品目(품목) 品格(품격) 商品(상품)

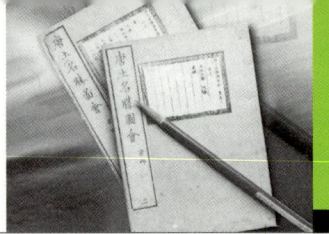

	훈	살 생기있을	음	활	부수	水(氵)
 살 활	필순	丶氵氵汙活			총획	9

도움말
'氵'(물 수)와 '舌'(혀 설)이 더해진 글자. 막혔던 입에서 혀가 나오듯 막혔던 물이 활기 있게 흐른다는 데서 '생기, 살다'라는 뜻을 지닌다.

용례
活動(활동) 活用(활용) 生活(생활)

	훈	모일 기회 회계	음	회	부수	日
 모일 회	필순	丿八人合命會			총획	13

도움말
'亼'(모을 집)에 '增'(더할 증-변형)이 더해진 글자. 많은 사람들이 모인다는 뜻에서 '모이다'라는 뜻을 지닌다.

용례
會議(회의) 朝會(조회)

	훈	뒤 뒤질	음	후	부수	彳
 뒤 후	필순	丿彳彳彳彳後後			총획	9

도움말
'彳'(조금 걸을 척), '幺'(작을 요), '夂'(뒤져올 치)가 더해진 글자. 어린이의 작은 걸음이 뒤져진다는 데서 '뒤'라는 뜻을 지닌다.

용례
後世(후세) 午後(오후) 生後(생후)

2 쉬어가는 페이지

寒(찰 한)의 반대되는 글자는 무엇일까?

흔히들 따뜻할 온(溫)이나 따뜻할 난(暖)을 생각할 것이다. 그렇지만 한(寒)의 반대는 暑(더울 서)라는 글자이다. 왜냐하면 서(暑)는 해가 내리쬐어 땀이 날 정도로 더운 모습이고, 한(寒)은 문틈으로 찬바람이 들어와 몸까지 얼어붙는 듯한 추운 형태이기 때문이다. 따라서 한자 공부를 잘 하면 사고의 영역을 넓힐 수 있고, 더 나아가 국어를 잘 알고 국어를 사랑할 수 있게 된다.

교과서 한자어 자세히 알기

www.hanja114.org

경제 經濟

- **훈음**: 지날 **경**, 건널 **제**
- **풀이**: 인간이 공동 생활을 하는 데에 필요한 재화를 획득하고 이용하는 활동 및 이를 통하여 이루어지는 사회 관계
- **쓰임**: 우리 나라는 개인의 재산을 인정하고 자유로운 經濟 활동을 보장한다.

공공 公共

- **훈음**: 공변될 **공**, 함께 **공**
- **풀이**: 사회 일반이나 사회의 여러 사람에 관계되는 것
- **쓰임**: 시청에서는 시민들의 편리한 생활과 생산 활동을 돕기 위하여 公共 시설을 늘리고 있다.

공정 工程

- **훈음**: 장인 **공**, 길 **정**
- **풀이**: 작업의 되어 가는 정도. 계획적인 대량 생산을 위하여 여러 가지로 나눈 가공의 단계
- **쓰임**: 자동차 제조 과정은 프레스 工程, 차체 제작 工程, 도장 工程, 부품 조립 工程으로 이루어진다.

권리 權利

- **훈음**: 권세 **권**, 이로울 **리**
- **풀이**: 무슨 일을 마음대로 할 수 있는 자격. 어떤 이익을 자기를 위해 주장할 수 있는 법률상의 힘
- **쓰임**: 모든 사람은 인간으로서 존엄성을 유지할 權利를 가지고 있다.

규칙 規則

- **훈음**: 법 **규**, 법칙 **칙**
- **풀이**: 국가나 어떤 단체에 속해 있는 사람의 행위, 또는 사무 절차 따위의 기준으로 정해 놓은 법
- **쓰임**: 진섭이네 반에서는 모두가 받아들일 수 있는 規則을 만들기 위해 좀더 의견을 나누어 보았다.

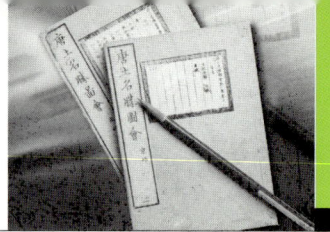

한 자 자 격 시 험 5 급

극미세
極微細

- 훈음: 다할 **극**, 작을 **미**, 가늘 **세**
- 풀이: 첨단 산업으로 10억분의 1m의 아주 작은 것
  현미경으로도 분간하기 어려울 정도로 아주 작은 것을 말함
- 쓰임: 極微細 기술은 '나노 기술' 이라고도 합니다.

단체
團體

- 훈음: 모일 **단**, 몸 **체**
- 풀이: 같은 목적으로 모인 두 사람 이상의 모임
- 쓰임: 시민들이 사회와 국가의 발전을 위해 자발적으로 조직하여 활동하는 모임을 '시민 團體' 라고 한다.

박람회
博覽會

- 훈음: 넓을 **박**, 볼 **람**, 모일 **회**
- 풀이: 산업이나 기술 따위의 발전을 위하여 농업, 공업, 상업 등에 관한 물품을 모아, 일정한 기간 여러 사람들에게 보이는 모임
- 쓰임: 지방자치단체는 수출업체들이 국제 博覽會에 참여하여 수출 계약을 할 수 있도록 지원하고 있다.

사법부
司法府

- 훈음: 맡을 **사**, 법 **법**, 관청 **부**
- 풀이: 삼권분립에 따라 사법권을 행사하는 '법원' 을 이르는 말
- 쓰임: 민주 국가에서는 입법부, 행정부, 司法府가 나랏일을 나누어 맡고 있다.

사회
社會

- 훈음: 모일 **사**, 모일 **회**
- 풀이: 공동 생활을 하는 인간의 집단
- 쓰임: 社會적 책임과 연대의 실천은 인권의 존재 근거가 됩니다.

3. 사회, 정치, 경제

교과서 한자어 자세히 알기

선거 選擧
- **훈음**: 가릴 **선**, 들 **거**
- **풀이**: 일정한 조직이나 집단에서 그 대표자나 임원을 투표 등의 방법으로 뽑음
- **쓰임**: 국민들은 그들의 대표를 뽑는 選擧에서 투표를 통해 정치에 참여하고 있다.

선택 選擇
- **훈음**: 가릴 **선**, 가릴 **택**
- **풀이**: 둘 이상의 것에서 마음에 드는 것을 골라 뽑음
- **쓰임**: 가지고 싶은 것은 많지만 모두 가질 수는 없을 때, 현명한 選擇이 필요하다.

세금 稅金
- **훈음**: 세금 **세**, 쇠 **금**
- **풀이**: 국가나 지방 자치 단체가 필요한 경비를 마련하기 위해 국민으로부터 강제로 거두어들이는 돈
- **쓰임**: 국민들은 납세의 의무가 있으며, 국민들이 내는 稅金은 나라 살림을 튼튼하게 한다.

수입 收入
- **훈음**: 거둘 **수**, 들 **입**
- **풀이**: 돈이나 물건 따위를 벌어들이거나 거두어들이는 일, 또는 그 돈이나 물건
- **쓰임**: 收入과 지출은 균형이 맞아야 한다.

수출 輸出
- **훈음**: 보낼 **수**, 날 **출**
- **풀이**: 상품이나 기술 따위를 외국으로 팔아 내보냄(↔수입)
- **쓰임**: 우리 나라에서 생산되는 농수산물과 공산품들은 다른 나라로 輸出되기도 한다.

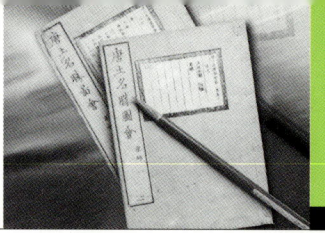

한 자 자 격 시 험 5 급

자유 — 自由
- **훈음**: 스스로 **자**, 말미암을 **유**
- **풀이**: 남에게 얽매이거나 구속 받거나 하지 않고, 자기 마음대로 행동하는 일
- **쓰임**: 세계 인권 선언은 "모든 인간은 自由롭다."는 말로 시작됩니다.

저금 — 貯金
- **훈음**: 쌓을 **저**, 쇠 **금**
- **풀이**: 돈을 모아 둠
- **쓰임**: 쓰기 전에 먼저 貯金을 하는 것은 좋은 습관이다.

정치 — 政治
- **훈음**: 정사 **정**, 다스릴 **치**
- **풀이**: 나라를 다스리는 일
- **쓰임**: 의견 차이를 좁혀 서로에게 이로운 해결 방안을 찾아 실현하는 것을 政治 라고 합니다.

참정권 — 參政權
- **훈음**: 참여할 **참**, 정사 **정**, 권세 **권**
- **풀이**: 국민이 국가 정치에 직접 간접으로 참여하는 권리
- **쓰임**: 국민의 기본권에는 자유권, 參政權, 평등권, 청구권, 사회권이 있다.

첨단 — 尖端
- **훈음**: 뾰족할 **첨**, 바를 · 끝 **단**
- **풀이**: 맨 앞장
- **쓰임**: 尖端 기술이 더욱 발달하면 머지않아 사람 없이도 스스로 운행되는 자동차도 나올 것이다.

3. 사회, 정치, 경제

교과서 한자어 자세히 알기

타협 妥協
- **훈음**: 평온할 **타**, 도울 **협**
- **풀이**: 두 편이 서로 좋도록 알맞게 조화시켜 협의함
- **쓰임**: 민주 정치는 대화와 妥協을 통해 이루어진다.

투자 投資
- **훈음**: 던질 **투**, 재물 **자**
- **풀이**: 이익을 얻을 목적으로 사업 등에 자금을 댐
- **쓰임**: 많은 나라가 반도체와 자동차 생산 기술 개발에 적극적인 연구와 投資를 하고 있다.

투표 投票
- **훈음**: 던질 **투**, 표 **표**
- **풀이**: 선거 또는 어떤 일을 결정할 때 정해진 용지에 자기가 뽑고 싶은 사람의 이름이나 찬반의 의견 따위를 기입하여 지정된 곳에 넣음
- **쓰임**: 선거를 할 때에는 投票소를 마련하고, 민주적인 방법에 의해 投票를 실시한다.

해결 解決
- **훈음**: 풀 **해**, 결단할 **결**
- **풀이**: 사건이나 문제 따위를 잘 처리함
- **쓰임**: 고층 아파트를 건설하는 것은 부족한 주택 문제를 解決하는 방법 가운데 하나가 될 수 있다.

한자자격시험 5급

고사성어

일백 백 / 해 년 / 물 하 / 맑을 청

백년하청

'백년 동안 황하강의 물이 맑기를 기다린다.'는 뜻으로, 아무리 바라고 기다려도 실현될 가망이 없음을 이르는 말

《춘추좌씨전(春秋左氏傳)》에 이런 이야기가 전합니다. 춘추 전국 시대에 정(鄭)나라가 초(楚)나라의 속국인 채(蔡)나라를 공격하였는데, 이 일에 대한 보복으로 초나라가 정나라를 치려고 하였습니다. 정나라는 위기에 빠졌고, 이를 해결하기 위해 신하들이 모여 대책을 논의했습니다. 그러나 초나라에 항복하자는 화친론(和親論)과 진(晉)나라의 구원군을 기다리며 싸우자는 주전론(主戰論)으로 의견이 나뉘어 그 의견 차이가 좁혀지지 않고 주장이 팽팽히 맞서게 되었습니다. 그러자, 대부인 자사(子駟)가 말했습니다.

"주나라의 시에 '황하의 흐린 물이 맑아지기를 기다린다 해도 사람은 늙어 죽고 마네.'라는 말이 있지 않습니까? 지금 진나라의 구원군을 기다린다는 것은 '백년하청(百年河淸)'일 뿐이오. 그러니 일단 초나라에 복종하여 그들의 말을 따르다가, 진나라 군사가 오면 다시 그들을 따르면 될 것이 아닙니까? 그러니 일단은 초나라에 복종하여 백성들의 불안을 씻어 주도록 합시다."

결국 자사의 주장이 수용되어, 정나라는 초나라에 항복하여 화친을 맺고 전쟁을 피할 수 있었습니다.

자사가 말한 '백년하청(百年河淸)'이란 말은 믿을 수 없는 진나라의 구원병을 기다린다는 것은 누런 흙탕물인 황하강의 물이 맑아지기를 기다리는 것 만큼이나 실현 가능성이 없음을 의미하는 것입니다. 현실적으로 불가능한 일을 하염없이 기다리기 보다는 상황을 정확하게 파악하고 적합한 대책을 마련하여 실천하는 것이 문제해결의 효과적인 방법임을 의미하는 말입니다.

고사성어와 한자성어

 필부지용

'한 사나이(대수롭지 않은 평범한 남자)의 용기'라는 뜻으로, 혈기만 믿고 함부로 덤비는 소인(小人)의 용기를 이르는 말

《맹자(孟子)》의 〈양혜왕(梁惠王)〉 하편에 다음과 같은 이야기가 나옵니다.
춘추 시대 제(齊)나라 선왕(宣王)이 맹자에게 물었습니다.
"이웃 나라와 사귀는 데 방법이 있습니까?"
이에 맹자는 다음과 같이 말했습니다.
"큰 나라는 작은 나라를 섬기는 자세로 겸허하게 하여야 하는데, 이는 오직 어진 사람이라야 가능합니다. 은(殷)나라의 탕왕(湯王)이나 주나라의 문왕 같은 이가 그것을 행했습니다. 그리고 작은 나라가 큰 나라를 섬기는 것은 하늘의 도리인데, 이는 오직 지혜 있는 왕이라야 행할 수 있는 일입니다. 주태왕(주문왕의 아버지)이 훈육을 섬겼고, 구천이 오(吳)나라를 섬긴 것이 바로 그 예입니다.
큰 나라의 입장에서 작은 나라를 섬기는 자는 하늘을 즐거워하는 자이고, 작은 나라의 입장에서 큰 나라를 섬기는 자는 하늘을 두려워하는 자이니, 하늘을 즐거워하는 자는 천하를 보전하고 하늘을 두려워하는 자는 자기 나라를 보전합니다."

그러자 제나라의 선왕은 "과인은 용기를 좋아합니다."라고 말했습니다. 선왕은 작은 나라를 받들기보다는 작은 나라를 합병하여 나라를 키우고 싶었고, 큰 나라와 싸워 이김으로써 제후의 맹주가 되고 싶었기 때문에 이렇게 말한 것입니다.
그러자 맹자가 이렇게 말했습니다. "왕께서는 소용(小勇)을 좋아해서는 안 됩니다. 칼을 어루만지고 눈을 부라려, 너 같은 자는 나의 적수가 아니라고 하는 것은 '필부의 용기(匹夫之勇)'로 기껏해야 한 사람을 상대하는 것 밖에 안 됩니다. 부디 좀더 큰 용기를 지니려고 힘쓰십시오."

맹자는 남에게 지기 싫어하여 덤비는 것은 작은 용기로서 혈기에 차서 남을 제압하려는 것에 불과하지만 '큰 용기', 즉 백성을 도탄에서 구하려고 일어서는 매우 훌륭한 것이라고 말하고자 했습니다. 이 대화에서 '혈기에서 오는 소인의 용기'란 뜻을 지닌 '필부지용(匹夫之勇)'이란 말이 유래하였으며, 이는 '소인지용(小人之勇)'과 같은 말입니다.

한 자 자 격 시 험 5 급

알아두면 유익한 한자성어

일만 **만**　목숨 **수**　없을 **무**　지경, 굳셀 **강**

 만수무강

수명이 끝이 없음을 이르는 말로, 장수를 빌 때 쓰는 표현

부자 **부**　귀할 **귀**　영화 **영**　빛날 **화**

 부귀영화

'부귀와 권력을 마음껏 누린다.' 는 말

여섯 **륙**　어찌 **하**　언덕, 근본 **원**　법칙 **칙**

 육하원칙

기사 작성을 할 때 지켜야하는 필수 조건으로 '누가? 언제? 어디서? 무엇을? 어떻게? 왜?' 의 여섯가지 원칙을 이르는 말

이로울 **리**　쓸 **용**　두터울 **후**　날·살 **생**

 이용후생

(편리한 기구 등을) 이용하여 생활에 부족함이 없게 하자는 생각 또는 그런 일을 이르는 말

3. 사회, 정치, 경제

단원 마무리 연습문제

♣ 다음 ( ) 안에 공통으로 들어갈 한자를 〈보기〉에서 골라 쓰세요. (1~8)

보기
放　成　度　便
品　聞　友　者

1. 法( ), 強( ), 溫( )
2. 所( ), ( )一知十, 見( )
3. ( )學, ( )送, ( )浪
4. 走( ), 話( ), 生産( ), 消費( )
5. ( )人, 完( ), ( )長
6. 竹馬故( ), ( )情, 級( )
7. ( )利, ( )安, 不( )
8. 工産( ), ( )質, 學用( )

♣ 다음 뜻에 해당하는 단어를 〈보기〉에서 골라 한자로 조합하여 쓰세요. (9~14)

보기
通　各　業　元
交　用　始　直
首　去　利

9. 사람들이 개별적으로 뭔가를 할 때 'ㅇ自 한다'라고 말합니다. 공부는 학생들 ㅇ自가 알아서 하는 스스로 학습이 제일 중요합니다.
( )

10. 사람들이 탈 것을 이용하여 다니거나, 서로 소식을 주고받는 것, 다른 나라와 관계를 맺어 오고 가는 일을 모두 ㅇㅇ이라고 하지요.
( )

11. 중간 상인이나 중개인을 거치지 않고 살 사람과 팔 사람이 물건을 직접 거래하는 것을 ㅇㅇ來라고 합니다.
( )

12. 필요에 따라 물건은 이롭게 쓰는 것을 ㅇㅇ이라고 합니다. 사람을 ㅇㅇ하는 것은 별로 좋지 못하지요.
( )

13. 어떤 일이나 학업 등을 시작하는 것을 ㅇㅇ이라고 합니다. 여러분이 사회에 나가서 직업을 갖게 되어 일을 시작하게 되면 그것이 바로 ㅇㅇ이지요.
( )

14. 한 나라의 최고 통치권을 가진 사람이나 한 나라를 대표하는 사람을 ㅇㅇ라고 합니다. 우리 나라는 대통령이 해당하겠지요.
( )

♣ 다음 ( ) 안에 들어갈 적합한 한자어를 바르게 쓴 것을 고르세요. (15~21)

15. 서로 어울려 사는 사회에서는 서로 ( )을 잘 지켜야 합니다. 학교에서 지켜야 할 ( )은 교칙이라고도 합니다.
① 規則　② 規勅　③ 圭則　④ 奎則

16. ( )한 먼지가 공중에 떠돌아 다니면 사람들은 더 쉽게 감기에 걸립니다. ( ) 먼지를 측정하여 얼마나 공기가 오염되었나를 알아보기도 합니다. 공사장 먼지나 자동차 매연은 이러한 ( )먼지를 만드는 주범입니다.
① 未世　② 微細　③ 微世　④ 未細

17. 한 나라의 대표를 뽑을 때 국민들은 (   )을 잘 해야 합니다. 뿐만 아니라 일상 생활의 작은 일을 (   )할 때에도 우리는 신중하게 생각할 줄 알아야 합니다.

    ① 善擇　② 先擇　③ 選擇　④ 選澤

18. 뉴스나 신문 기사의 처음은 항상 (   )에 관한 것입니다. 그래서 주로 국회의원들과 장관들의 이야기가 많습니다.

    ① 定置　② 正治　③ 定治　④ 政治

19. 우리 엄마는 주로 은행에 저축을 하시는데, 뉴스를 보면 어떤 사람들은 부동산에 (   )하거나 주식 (   )를 한다고 합니다. 이익을 얻으면 (   )의 보람이 있겠지만 만약에 손해를 보면 어떨까요?

    ① 投自　② 投字　③ 透資　④ 投資

20. 친구와 서로 의견이 너무 달라 어느 한쪽으로 결론을 내기 어려울 때는 (   )을 해야 합니다. 만약에 (   )이 잘 되지 않으면 계속 대립하고 싸우게 됩니다.

    ① 妥協　② 他協　③ 打協　④ 他俠

21. 사람은 누구나 (   )합니다. 백인과 흑인도, 남자와 여자도 모두 (   )한 대우를 받아야 합니다. 만약 그렇지 못하고 차별을 받게 되면 사회는 불만으로 가득할 것입니다.

    ① 平登　② 評等　③ 平等　④ 平燈

♣ □안에 주어진 한자와 유사한 뜻을 가진 한자끼리 짝 지어 보세요. (22~26)

22. 會 •　　　　• 宅

23. 堂 •　　　　• 衣

24. 活 •　　　　• 有

25. 服 •　　　　• 生

26. 在 •　　　　• 合

♣ □안에 주어진 한자와 서로 반대의 뜻을 가진 한자끼리 짝 지어 보세요. (27~30)

27. 後 •　　　　• 長

28. 短 •　　　　• 有

29. 無 •　　　　• 合

30. 分 •　　　　• 前

정답

1. 度	2. 聞	3. 放	4. 者
5. 成	6. 友	7. 便	8. 品
9. 各	10. 交通	11. 直去	12. 利用
13. 始業	14. 元首	15. ①	16. ②
17. ③	18. ④	19. ④	20. ①
21. ③	22. 合	23. 宅	24. 生
25. 衣	26. 有	27. 前	28. 長
29. 有	30. 合		

4 역사, 지리

4-1. 선정 한자 익히기
4-2. 교과서 한자어 자세히 알기
4-3. 알아두면 유익한 한자성어
4-4. 단원 마무리 연습문제

| 학습의 주안점 |
이 단원에서는 역사, 지리의 세계와 관련 있는 한자들을 읽고 쓰며,
그 뜻을 정확히 알도록 노력합시다.

www.hanja114.org

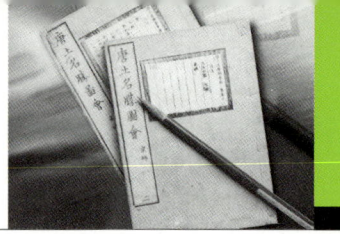

한자자격시험 5급

 새로 익힐 선정 한자

開	열	개	路	길	로	野	들	야
京	서울	경	理	다스릴	리	英	꽃부리	영
界	지경	계	命	목숨	명	勇	날쌜	용
高	높을	고	反	돌이킬	반	原	언덕, 근본	원
功	공	공	半	절반	반	才	재주	재
郡	고을	군	發	필	발	朝	아침(=晁)	조
根	뿌리	근	部	거느릴	부	族	겨레	족
急	급할	급	死	죽을	사	淸	맑을	청
當	마땅할	당	勝	이길	승	村	마을	촌
圖	그림	도	神	귀신	신	太	클	태
禮	예도	례	新	새로울	신	黃	누를	황

 교과서에 나오는 한자어

건국(建國)	분포(分布)	지구촌(地球村)
계절(季節)	여행(旅行)	축척(縮尺)
관광객(觀光客)	역사(歷史)	침엽수(針葉樹)
독립(獨立)	전쟁(戰爭)	통일(統一)
문화재(文化財)	전통(傳統)	활엽수(闊葉樹)

선정 한자 익히기

훈	열 깨우칠 개척할	음	개	부수	門
필순	一「F F 門 門 開			총획	12

도움말
'門'(빗장 산)과 '廾'(들 공)을 더해 만든 글자. 빗장을 지른 문을 양손으로 연다 하여 '열다'라는 뜻을 지닌다.

용례
開國(개국) 開發(개발) 開學(개학)

훈	서울 클 높을	음	경	부수	亠
필순	亠亠亨京京			총획	8

도움말
언덕 위에 집이 서 있는 모습을 본뜬 글자. 높은 궁궐이 있는 '서울'을 뜻하는 한자로 쓰임

용례
上京(상경) 歸京(귀경)

훈	지경 한도	음	계	부수	田
필순	一 口 田 田 界 界			총획	9

도움말
'田'(밭 전)과 '介'(끼일 개)가 더해진 글자. 밭과 밭 사이를 나누는 경계를 가리켜 '지경'이라는 뜻을 지닌다.

용례
世界(세계) 境界(경계)

훈	높을 비쌀 뛰어날	음	고	부수	高
필순	亠一亩高高			총획	10

도움말
높게 세워진 망루의 모습을 본뜬 글자. '높다'라는 뜻으로 쓰인다.

용례
高句麗(고구려) 最高(최고)

훈	공	음	공	부수	力
필순	一 T 工 功 功			총획	5

도움말
'工'(장인 공)과 '力'(힘 력)을 더해 만든 글자. 힘써 일해 공을 세운다는 뜻에서 '공'이라는 뜻을 지닌다.

용례
功勞(공로) 成功(성공)

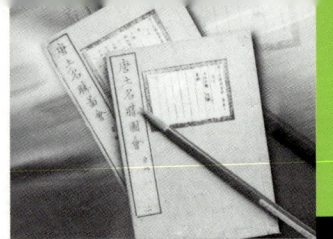

한 자 자 격 시 험 5 급

도움말
'君'(임금 군)과 'ß'(고을 읍)을 더한 글자. 임금의 명을 받아 다스리는 '고을'이라는 뜻을 지닌다.

용 례
郡守(군수) 郡廳(군청)

훈	고을	음	군	부수	邑(阝)
필순	ㄱㄱㄹ尹君郡			총획	10

도움말
'木'(나무 목)과 '艮'(머무를 간)을 더한 글자. 나무를 땅 위에 머무르게 하는 부분으로 '뿌리'라는 뜻을 지닌다.

용 례
根本(근본) 根據(근거)

훈	뿌리 근본	음	근	부수	木
필순	木木'木'根根根			총획	10

도움말
'及'(미칠 급-변형)과 '心'(마음 심)을 더한 글자. 따르려고 서두르는 마음이라는 데서 '급하다'의 뜻을 지닌다.

용 례
急變(급변) 性急(성급)

훈	급할 중요할	음	급	부수	心
필순	ノグク乌急急			총획	9

도움말
'尙'(짝지을 상)과 '田'(밭 전)을 더해 만든 글자. 밭의 값이 서로 비슷하여 맞바꾸기에 알맞다 하여 '마땅하다'는 뜻을 지닌다.

용 례
當然(당연) 妥當(타당)

훈	마땅할 해당할	음	당	부수	田
필순	１丷屮当常當			총획	13

도움말
'囗'(에울 위)와 '啚'(인색할 비-창고를 뜻함)가 더해진 글자. 창고를 설계한다는 데서 '그리다'는 뜻을 지닌다.

용 례
地圖(지도) 圖形(도형)

훈	그림 꾀할	음	도	부수	囗
필순	１冂門門圖圖			총획	14

4. 역사, 지리

선정 한자 익히기

훈	예도 인사 예물	음	례	부수	示
필순	⺬ ⺬ ⺬ 禮 禮 禮			총획	18

도움말
'示'(보일 시)와 '豊'(제기 례)가 더해진 글자. '豊'은 재물을 가득 담아놓은 모양으로 신에게 재물을 올려 제사를 올리는데 예절을 갖춘다는 데서 '예절'이라는 뜻을 지닌다.

용례
禮節(예절) 禮儀(예의)

훈	길	음	로	부수	足(⻊)
필순	⼞ ⼞ 足 足 跻 路			총획	13

도움말
'足'(발 족)과 '各'(각 각)을 더한 글자. 사람이 각각 다니는 '길'이라는 뜻을 지닌다.

용례
道路(도로) 線路(선로)

훈	다스릴 도리 깨달을	음	리	부수	玉
필순	⼀ 丆 ⺩ ⺩ 珇 理 理			총획	11

도움말
'玉'(=王 구슬 옥)과 '里'(다스릴 리)가 더해진 글자. 옥을 갈고 다듬는다는 뜻에서 잘 '다스리다'의 뜻을 지닌다.

용례
理解(이해) 理致(이치)

훈	목숨 운수 명령	음	명	부수	口
필순	⼈ ⼈ ⼈ 合 合 命 命			총획	8

도움말
'令'(명령 령)과 '口'(입 구)를 더해 만든 글자. 임금의 명령은 목숨을 걸고 지켜야 한다는 데서 '목숨'이라는 뜻을 지닌다.

용례
命令(명령) 生命(생명) 運命(운명)

훈	돌이킬 반대할	음	반	부수	又
필순	⼀ 厂 反 反			총획	4

도움말
'厂'(바위 엄)과 '又'(손 우)를 더한 글자. 바윗돌을 손으로 뒤집는다는 데서 '돌이키다'는 뜻을 지닌다.

용례
反對(반대) 反省(반성)

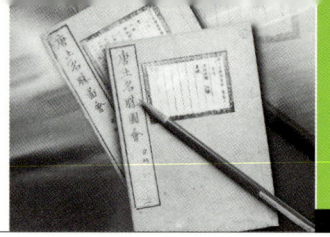

한자자격시험 5급

도움말
'八'(여덟 팔)과 '牛'(소 우)를 더한 글자. 소를 잡아 둘로 나눈다는 데서 '반'이라는 뜻을 지닌다.

용례
半折(반절) 半半(반반)

절반 **반**

훈	절반 가운데	음	반	부수	十
필순	′′′′⌒⌒半			총획	5

도움말
'癶'(발로뭉갤 발)과 '弓'(활 궁)을 더한 글자. 두 발로 풀밭 위에 힘껏 서서 활을 쏜다 하여 '쏘다, 떠나다'의 뜻을 지닌다.

용례
發達(발달) 發生(발생) 發展(발전)

필 **발**

훈	필 일어날 떠날	음	발	부수	癶
필순	ㄱㄱ癶癶癶發發			총획	12

도움말
'咅'(가를 부)와 'ß'(고을 읍)을 더한 글자. 여러 고을을 갈라 다스린다는 데서 '거느리다'라는 뜻을 지닌다.

용례
部下(부하) 內部(내부)

거느릴 **부**

훈	거느릴 무리 분류	음	부	부수	ß
필순	′⌒⌒咅咅部			총획	11

도움말
'歹'(앙상한뼈 알)과 '匕'(죽을 화)를 더한 글자. 목숨이 다해 앙상한 뼈로 된다는 뜻에서 '죽음'이라는 뜻을 지닌다.

용례
死亡(사망) 生死(생사)

죽을 **사**

훈	죽을 목숨 걸	음	사	부수	歹
필순	一ㄏ万歹死死			총획	6

도움말
'朕'(나 짐)과 '力'(힘 력)을 더한 글자. 나 스스로 참고 힘쓰면 이길 수 있다는 데서 '이기다'의 뜻을 지닌다.

용례
勝利(승리) 必勝(필승)
名勝地(명승지)

이길 **승**

훈	이길 경치좋을	음	승	부수	力
필순	刀月月′胖朕勝			총획	12

82   4. 역사, 지리

선정 한자 익히기

神 (귀신 신)

훈	귀신 정신	음	신	부수	示
필순	亠 亍 示 利 神 神			총획	10

도움말: '示'(보일 시)와 '申'(펼 신)이 더해진 글자. 번개(申)가 치는 것은 신이 보여주는 것이라는 데서 '귀신'이라는 뜻을 지닌다.

용례: 山神(산신) 神奇(신기) 精神(정신)

新 (새로울 신)

훈	새로울	음	신	부수	斤
필순	亠 立 亲 新 新			총획	13

도움말: '辛'(매울 신), '木'(나무 목), '斤'(도끼 근)이 더해진 글자. 도끼로 나무를 자른 뒤, 그 자른 자리에 새싹이 돋아난다는 데서 '새롭다'는 뜻을 지닌다.

용례: 新婦(신부) 最新(최신)

野 (들 야)

훈	들 민간 절박한	음	야	부수	里
필순	丨 口 日 里 野 野			총획	11

도움말: '里'(마을 리)와 '予'(줄 여)를 더한 글자. 마을 사람들이 먹여 살려주는 논과 밭이 있는 '들'의 뜻을 지닌다.

용례: 野外(야외) 野菜(야채)

英 (꽃부리 영)

훈	꽃부리 뛰어날	음	영	부수	艸(艹)
필순	艹 艹 苎 苹 英			총획	9

도움말: '艸'(풀 초)와 '央'(가운데 앙)을 더한 글자. 꽃의 가운데 부분인 꽃부리가 아름답다는 데서 '꽃부리'라는 뜻을 지닌다.

용례: 英雄(영웅) 英才(영재)

勇 (날쌜 용)

훈	용맹할	음	용	부수	力
필순	亠 マ 乛 甬 勇			총획	9

도움말: '涌'(물솟을 용)과 '力'(힘 력)을 더해 만든 글자. 물이 솟아 오르는 힘이라는 뜻에서 '용기'의 뜻을 지닌다.

용례: 勇氣(용기) 勇猛(용맹)

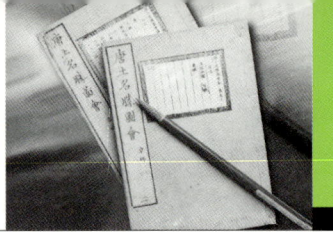

한 자 자 격 시 험 5 급

도움말

'厂'(언덕 엄)과 '泉'(샘 천)이 더해진 글자. 언덕 밑에서 나오는 샘이 물의 근본이 된다는 뜻에서 '언덕, 근본'이라는 뜻을 지닌다.

용 례

原因(원인) 草原(초원)

훈	언덕 근본	음	원	부수	厂
필순	一厂厂厉原原			총획	10

도움말

새싹이 땅 위로 돋아나는 모양을 본뜬 글자. 새싹이 자라 듯, 사람의 능력도 장차 클 수 있다는 데서 '재주'라는 뜻을 지닌다.

용 례

才能(재능) 才致(재치)

훈	재주	음	재	부수	手
필순	一十才			총획	3

도움말

'龺'(해돋을 간-획줄임)'과 '月'(달 월)을 더한 글자. 해가 떠오르는데 서쪽 하늘에는 아직 달이 떠 있는 '아침'이라는 뜻을 지닌다.

용 례

朝會(조회) 朝鮮(조선)

훈	아침 조정	음	조	부수	月
필순	一十古卓朝朝			총획	12

도움말

'方'(깃발 언)과 '矢'(화살 시)를 더한 글자. 깃발 아래 화살이 쌓여 있다는 뜻으로 많은 무리가 한 덩어리로 뭉쳐 있다는 데서 '겨레'라는 뜻을 지닌다.

용 례

民族(민족) 大家族(대가족)

훈	겨레 친족 동류	음	족	부수	方
필순	一ㄅ方圹扩族			총획	11

도움말

'水'(물 수)와 '靑'(푸를 청)이 더해진 글자. 푸르게 보이는 물은 '맑다'라는 뜻을 지닌다.

용 례

淸潔(청결) 淸淨(청정)

훈	맑을 깨끗할 끝맺을	음	청	부수	水(氵)
필순	氵氵泮淸淸			총획	11

4. 역사, 지리

선정 한자 익히기

훈	마을 시골	음	촌	부수	木
필순	一十才木村村			총획	7

도움말
'木'(나무 목)과 '寸'(법도 촌)이 더해진 글자. 나무 밑에 법도 있게 모여 사는 '마을'을 뜻한다.

용례
村落(촌락) 農村(농촌)

훈	클 심할 처음	음	태	부수	大
필순	一ナ大太			총획	4

도움말
'大'(클 대)와 '丶'(점 주)를 더한 글자. 원래는 '大'자를 두 개 겹친 글자였으나 점을 찍어 아주 '크다'라는 뜻을 지닌다.

용례
太古(태고) 太平洋(태평양)

훈	누를	음	황	부수	黃
필순	一十卄芇苗黃			총획	12

도움말
'炗'(빛 광의 옛 글자)과 '田'(밭 전)을 더한 글자. 밭의 빛의 황토색이 '누렇다'는 뜻을 지닌다.

용례
黃色(황색) 黃土(황토)

 3 쉬어가는 페이지

文字(문자)란 무엇인가?

文이란 무늬를 뜻하는 글자였으나 지금에 와서 글이라는 뜻으로 쓰여지고, 字는 집에서 아이를 낳듯이 새로운 의미를 뜻하는 글자로 쓰여진다. 洋(양)에서 살펴보면 水와 羊이 합해져서 이루어진 글자이므로 水와 羊은 '文'인 셈이고 洋은 '字'인 셈이다. 따라서 文字란 기초로 쓰여진 글자(상형자, 지사자)와 뜻과 뜻, 뜻과 소리가 더해져 새로운 의미의 글자(회의자, 형성자)를 모두 뜻하는 것이다.

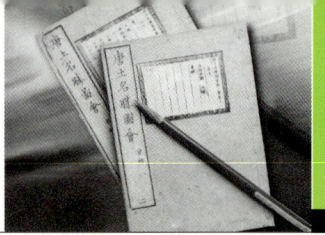

한 자 자 격 시 험 5 급

건국 建國

- **훈음**: 세울 **건**, 나라 **국**
- **풀이**: 새로 나라를 세움
- **쓰임**: 단군의 建國이야기를 읽을 때에는 그 내용을 그대로 받아들이기보다는 그 내용이 무엇을 뜻하는지 생각해 보아야 한다.

계절 季節

- **훈음**: 철 **계**, 마디 **절**
- **풀이**: 한 해를 날씨에 따라 나눈 그 한 철. 어떤 일을 하는 데 가장 알맞은 시절
- **쓰임**: 우리 나라는 사季節이 뚜렷하여 각 季節에 나타나는 곤충들이 다르다.

관광객 觀光客

- **훈음**: 볼 **관**, 빛, 경치 **광**, 손님 **객**
- **풀이**: 다른 지방이나 다른 나라의 풍물·풍속을 구경하러 다니는 사람
- **쓰임**: 서울특별시에서는 더 많은 외국 觀光客들을 서울로 오게 하려고 여러 가지 노력을 하고 있다.

독립 獨立

- **훈음**: 홀로 **독**, 설 **립**
- **풀이**: 다른 것에 딸리거나 기대지 않음. 한 나라가 완전한 주권을 행사함
- **쓰임**: 1919년에는 우리 민족 최대의 獨立 운동인 3·1 운동이 일어났고, 그 영향으로 대한 민국 임시정부가 수립되어 獨立 운동의 중심 역할을 하였다.

문화재 文化財

- **훈음**: 글월 **문**, 될 **화**, 재물 **재**
- **풀이**: 유형 문화재와 무형 문화재 및 기념물·민속자료를 통틀어 이르는 말
- **쓰임**: 조선 후기 정조 임금 때 쌓은 화성은 과학성과 실용성이 뛰어나 1997년에 유네스코 세계 문화 유산으로 등록된 소중한 文化財입니다.

4. 역사, 지리

교과서 한자어 자세히 알기

www.hanja114.org

분포 分布
- **훈음**: 나눌 **분**, 펼 **포**
- **풀이**: 여기저기 흩어져 널리 퍼져 있음. 동식물이 그 종류에 따라 다른 구역에 나서 자라는 일
- **쓰임**: 도시가 발달한 곳은 인구가 많이 分布하고 있는 곳과 같다.

여행 旅行
- **훈음**: 나그네 **려**, 다닐 **행**
- **풀이**: 일정 기간 다른 고장이나 다른 나라에 가는 일
- **쓰임**: 태현이네 분단은 공주와 부여로 답사 旅行을 떠났다.

역사 歷史
- **훈음**: 지낼 **력**, 역사 **사**
- **풀이**: 인간 사회가 거쳐 온 변천의 모습
- **쓰임**: 우리 조상들은 반만년의 오랜 歷史를 통해 자랑스러운 문화를 이룩하고 발전시켜 왔다.

전쟁 戰爭
- **훈음**: 싸움 **전**, 다툴 **쟁**
- **풀이**: 국가와 국가 사이의 무력에 의한 싸움
- **쓰임**: 오늘날의 戰爭은 무장을 하고 싸우는 군인들뿐만 아니라 선량한 시민들까지도 희생시킨다는 것을 알아야 합니다.

전통 傳統
- **훈음**: 전할 **전**, 거느릴 **통**
- **풀이**: 어떤 집단이나 공동체에서, 지난날로부터 이어 내려오는 사상·관습·행동
- **쓰임**: 우리 조상들의 傳統적인 의식주 생활에서 우리가 이어받아야 할 점이 많다.

한 자 자 격 시 험 5 급

지구촌 地球村

- **훈음** 땅 **지**, 공 **구**, 마을 **촌**
- **풀이** 지구 마을. 세계 여러 나라가 한 마을처럼 서로 잘 알고 서로 도우며 살아야 한다는 뜻에서 붙여진 이름
- **쓰임** 교통·통신의 발달이 地球村을 만드는 데에 큰 역할을 했다.

축척 縮尺

- **훈음** 줄어질 **축**, 자 **척**
- **풀이** 지도나 설계도 따위를 실물보다 작게 그릴 때, 그 축소한 정도
- **쓰임** 지도의 縮尺을 이용하여 두 지점 사이의 실제 거리를 구할 수 있다.

침엽수 針葉樹

- **훈음** 바늘 **침**, 잎 **엽**, 나무 **수**
- **풀이** 잎이 바늘같이 생긴 나무를 통틀어 이르는 말. 소나무·잣나무 따위
- **쓰임** 북부 지방에서는 針葉樹가 하늘을 찌를 듯이 솟아 있는 숲을 발견할 수 있다.

통일 統一

- **훈음** 거느릴 **통**, 한 **일**
- **풀이** 나누어진 것들을 몰아 하나의 완전한 것으로 만듦
- **쓰임** 김유신과 김춘추의 만남은 삼국 統一이라는 커다란 사업을 이루는 주춧돌이 되었다.

활엽수 闊葉樹

- **훈음** 넓을 **활**, 잎 **엽**, 나무 **수**
- **풀이** 떡갈나무나 오동나무 따위의 잎이 넓은 나무
- **쓰임** 闊葉樹는 단풍나무나 느티나무처럼 줄기가 여러 갈래의 곁가지로 갈라지고 잎이 넓은 나무입니다.

88 4. 역사, 지리

고사성어와 한자성어

 고사성어

反 돌이킬 반 / 哺 먹일 포 / 之 갈, 어조사 지 / 孝 효도 효

 반포지효

'(어미에게) 되먹이는 (까마귀의) 효성' 이라는 뜻으로, 어버이의 은혜에 대한 자식의 지극한 효도를 이르는 말

'반포지효(反哺之孝)' 는 수(隋)나라 말기의 군웅(群雄)인 이밀(李密:582~618)의 《진정표(陳情表)》에 나오는 말입니다. 이밀은 무제(武帝)가 자신에게 높은 관직을 내리지만 늙으신 할머니를 봉양하기 위해 관직을 사양합니다. 이밀은 어린 나이에 아버지가 돌아가시고, 어머니의 재가 후에는 할머니 유씨가 이밀을 길렀다고 합니다. 이에 이밀은 그 은혜를 잊지 않고 아흔이 넘은 할머니를 봉양하기 위해 관직을 사양한 것입니다.

이런 사정을 알리 없는 무제는 이밀의 관직 사양을 불사이군(不事二君)의 심정이라고 크게 화를 냅니다. 그러자 이밀은 자신을 까마귀에 비유하면서 "한낱 미물인 까마귀도 반포지효(反哺之孝)가 있거늘 사람으로 태어나 늙으신 할머니를 끝까지 봉양할 수 있도록 헤아려 주십시오."라고 하였다고 합니다.

명(明)나라 말기의 박물학자 이시진(李時珍:1518~1593)의 《본초강목(本草綱目)》에 까마귀 습성에 대한 다음과 같은 내용이 실려 있습니다. 까마귀는 부화한 지 60일 동안은 어미가 새끼에게 먹이를 물어다 주지만, 이후 새끼가 다 자라면 먹이 사냥에 힘이 부친 어미를 먹여 살린다고 합니다. 그리하여 이 까마귀를 자오(慈烏:인자한 까마귀) 또는 반포조(反哺鳥)라 합니다. 새끼가 어미를 되먹이는 습성을 반포(反哺)라고 하는데 이는 극진한 효도를 의미하죠. 이런 연유로 '반포지효(反哺之孝)' 는 어버이의 은혜에 대한 자식의 지극한 효도를 뜻합니다.

한국이나 중국 사람들은 까마귀의 울음 소리가 '죽음' 을 상징한다고 하여 까마귀를 흉조(凶鳥)로 여깁니다. 까마귀는 시체를 즐겨 먹는 습성이 있어 "까마귀 밥이 되었다."고 하면 그 자체로 '죽음' 을 뜻하기도 합니다. 이렇듯 까마귀는 불길함의 대명사로 인식하고 있지만 '반포지효(反哺之孝)' 의 의미를 되새겨 본다면 인간에게 말없는 교훈을 주는 새라고 볼 수도 있을 것입니다.

새옹지마

'변방 늙은이의 말'이라는 뜻으로, 인생에 있어서 길흉화복은 항상 바뀌어 미리 헤아릴 수가 없다는 뜻

새옹이란 새상(塞上:북쪽 국경)에 사는 늙은이란 뜻이며, '새옹지마(塞翁之馬)'란 글자 그대로는 새옹의 말이란 뜻입니다. 옛날 중국 북방의 요새(要塞) 근처에 점을 잘 치는 한 늙은이(老翁)가 살고 있었는데 어느 날, 이 노옹의 말[馬]이 오랑캐 땅으로 달아났습니다. 마을 사람들이 이를 위로하자, 노옹은 조금도 애석한 기색 없이 태연하게 말했습니다.

"누가 아오? 이 일이 복이 될는지."

몇 달이 지난 어느 날, 그 말이 오랑캐의 준마(駿馬)를 데리고 돌아왔습니다. 마을 사람들이 이를 축하하자 노옹은 조금도 기쁜 기색 없이 태연하게 말했습니다.

"누가 아오? 이 일이 화가 될는지."

그런데 어느 날, 말 타기를 좋아하는 노옹의 아들이 그 오랑캐의 준마를 타다가 떨어져 다리가 부러졌습니다. 마을 사람들이 이를 위로하자 노옹은 조금도 슬픈 기색 없이 태연하게 말했습니다.

"누가 아오? 이 일이 복이 될는지."

그로부터 1년이 지난 어느 날, 오랑캐가 대거 침입해 오자 마을 장정들은 이를 맞아 싸우다가 모두 전사(戰死)했습니다. 그러나 노옹의 아들만은 절름발이였기 때문에 무사했다고 합니다.

《회남자(淮南子)》에서는 "이와 같이 복은 화가 되고 화는 복이 된다. 그 변화의 심원(深遠)함은 헤아릴 도리가 없다."고 끝을 맺고 있습니다. 인생의 길흉화복은 항상 바뀔 수 있으므로, 지금 당장 나에게 닥친 일로 지나치게 기뻐하거나, 지나치게 슬퍼 할 필요가 없다는 마음의 자세를 요구하는 말입니다. 음지가 양지되고 양지가 음지된다는 우리 옛말과도 일맥상통하는 말입니다.

고사성어와 한자성어

알아두면 유익한 한자성어

開(열 개) 卷(책 권) 有(있을 유) 益(더할, 이로울 익)

개권유익
'책을 열면 이익이 있다.'는 뜻으로, 독서를 권장하는 말

見(볼 견) 危(위태할 위) 授(줄 수) 命(목숨 명)

견위수명
'(나라의) 위태로움을 보면 목숨을 바친다.'는 뜻

九(아홉 구) 死(죽을 사) 一(한 일) 生(날, 살 생)

구사일생
아홉 번(여러 차례) 죽을 고비를 넘기고 겨우 살아남

垂(드리울 수) 簾(발 렴) 聽(들을 청) 政(정사, 정치 정)

수렴청정
'발을 드리우고 정치를 듣는다.'는 뜻으로, 나이 어린 왕이 즉위했을 때 성인이 될 일정기간 동안 왕대비나 대왕대비가 국정을 대리로 처리하던 일을 이르는 말

한 자 자 격 시 험 5 급

시종여일
始(처음 시) 終(마칠 종) 如(같을 여) 一(한 일)

'처음과 끝이 한결 같다.'는 뜻으로, 변함없이 한결 같은 경우를 이르는 말

전대미문
前(앞 전) 代(대신할, 시대 대) 未(아닐 미) 聞(들을 문)

'이전 시대에는 들어 본 적이 없다.'는 뜻으로, 매우 놀라운 일이나 새로운 것을 두고 이르는 말

홍익인간
弘(클, 넓을 홍) 益(이로울 익) 人(사람 인) 間(사이 간)

'널리 인간세계를 이롭게 한다.'는 뜻으로, 단군왕검이 우리 나라를 세울 때의 건국이념 (建國理念)임

화조월석
花(꽃 화) 朝(아침 조) 月(달 월) 夕(저녁 석)

'꽃이 핀 아침과 달 뜨는 저녁'이라는 뜻으로, 경치가 좋은 시절을 이르는 말

단원 마무리 연습문제

♣ 다음 ( ) 안에 공통으로 들어갈 한자를 〈보기〉에서 골라 쓰세요. (1~7)

보기

根	界	功	禮
理	圖	當	

1. 世( ), 境( ), 視( )
2. ( )勞, ( )績, 成( )
3. ( )本, ( )源, 事實無( )
4. ( )然, ( )面, 適( )
5. ( )鑑, 地( ), 附( )
6. ( )節, ( )意, 敬( )
7. ( )致, 道( ), 事( )

♣ 다음 〈보기〉의 밑줄 친 부분을 뜻으로 갖는 글자를 제시된 글자 중에서 골라 한자로 쓰세요. (8~17)

보기

어느 날 학교 앞 큰 (8)<u>길</u>에서 (9)<u>누런</u> 강아지를 보았다. 우리 (10)<u>마을</u>은 크지도 않은데, 마을에선 본 적 없는 강아지였다. 나는 강아지를 키우고 싶어 집을 잃은 듯한 그 녀석을 (11)<u>급히</u> 집으로 데려왔다. 문을 (12)<u>열고</u> 안으로 들어갔을 때 강아지를 보신 엄마는 놀란 나머지 아무 말씀도 못 하셨다. 그리고 엄마는 "우리는 곧 (13)<u>서울</u>로 이사갈 텐데 강아지를 키우기는 어렵지 않겠니?" 하고 나를 바라보셨다. 나는 엄마에게 호소하였다. "엄마, 이 강아지는 길에서 (14)<u>죽을</u> 지도 몰라요. 우리가 키워요, 네?" 엄마는 나를 바라보시더니, "그럼, 이젠 (15)<u>아침</u>에 일찍 일어나야 한다. 네가 강아지의 하루 먹을 것들을 챙겨서 준비해 주고 학교에 가거라" 나는 엄마가 제안한 (16)<u>새로운</u> 하루 일과가 두렵기도 했지만, (17)<u>도리어</u> 나를 부지런하게 만들어 줄 좋은 기회라는 생각도 하였다.

보기

開	京	村	急	路
反	死	新	朝	黃

8. _____
9. _____
10. _____
11. _____
12. _____
13. _____
14. _____
15. _____
16. _____
17. _____

♣ 다음 ( ) 안에 들어갈 적합한 한자어를 바르게 쓴 것을 고르세요. (18~24)

18. 우리 나라 역사에서 최초로( )한 조상은 단군입니다. 그는 고조선을 세웠습니다.

    ① 建國 ② 件國 ③ 健國 ④ 建局

19. 우리 나라는 예전엔 四( )이 뚜렷하다고 했었지만 요즘은 봄과 가을은 거의 없다고 보아야 할 만큼 짧아졌습니다.

    ① 界節 ② 季節 ③ 計節 ④ 季絶

20. 각 나라마다 다른 나라의 많은 ( )들이 자기 나라를 찾게 하려고 노력을 기울이고 있습니다. 우리는 외국의 ( )들에게 친절을 베풀자는 운동을 벌이고 있습니다.

    ① 官光客 ② 寬廣客
    ③ 觀光客 ④ 關廣客

단원 마무리 연습문제

21. 일제 강점기 때 우리 나라의 (　　)을 위해 목숨까지 바쳤던 많은 분들의 정신을 우리는 잊어서는 안 됩니다. 요즈음 우리가 우리말을 해치는 외래어와 비속어를 사용하는 것은 그 분들을 또 한 번 죽이는 일이 될 것입니다.

    ① 讀立　② 獨笠　③ 督立　④ 獨立

22. 추운 곳으로 갈수록 주로 잎이 작은 나무가 (　　)하고, 더운 지방에 갈수록 잎이 크고 넓은 나무들이 (　)합니다.

    ① 分布　② 分包　③ 噴泡　④ 分胞

23. 나는 늘 방학 때마다 가족과 (　　)을 갑니다. (　　)은 견문을 넓혀 주는 학교와도 같습니다.

    ① 與行　② 旅行　③ 如行　④ 旅幸

24. 사람들이 기록을 남기기 시작했을 때부터 (　　)는 성립됩니다. 그 이전은 선사시대라고 합니다.

    ① 歷史　② 力事　③ 歷事　④ 易思

♣ □안에 주어진 한자와 유사한 뜻을 가진 한자끼리 짝 지어 보세요. (25~28)

25. 里 ・　　　・ 發
26. 生 ・　　　・ 太
27. 開 ・　　　・ 郡
28. 大 ・　　　・ 命

♣ □안에 주어진 한자와 서로 반대의 뜻을 가진 한자끼리 짝 지어 보세요. (29~30)

29. 低 ・　　　・ 部
30. 從 ・　　　・ 高

정답

1. 界	2. 功	3. 根	4. 當	5. 圖
6. 禮	7. 理	8. 路	9. 黃	10. 村
11. 急	12. 開	13. 京	14. 死	15. 朝
16. 新	17. 反	18. ①	19. ②	20. ③
21. ④	22. ①	23. ②	24. ①	25. 郡
26. 命	27. 發	28. 太	29. 高	30. 部

5 나와 우리

5-1. 선정 한자 익히기
5-2. 교과서 한자어 자세히 알기
5-3. 알아두면 유익한 한자성어
5-4. 단원 마무리 연습문제

| 학습의 주안점 |
이 단원에서는 공동체 생활과 관련 있는 한자들을 공부하게 됩니다.
공동체 생활과 관련이 깊은 한자들을 읽고 쓰며, 그 뜻을 정확히 알도록
노력하고 민주적 생활 태도가 무엇인지 함께 생각해 보도록 합시다.

www.hanja114.org

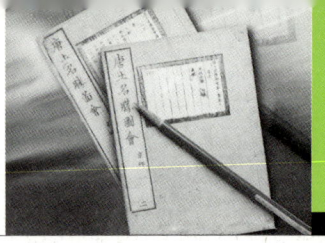

한 자 자 격 시 험 5 급

 **새로 익힐 선정 한자**

犬	개	견	席	자리	석	飮	마실	음
果	과실	과	省	살필	성	音	소리	음
刀	칼	도	性	성품	성	昨	어제	작
頭	머리	두	孫	손자	손	田	밭	전
綠	푸를	록	習	익힐	습	體	몸	체
李	오얏	리	身	몸	신	親	친할	친
毛	털	모	信	믿을	신	貝	조개	패
米	쌀	미	愛	사랑	애	行	다닐	행
病	병	병	夜	밤	야	幸	다행	행
步	걸음	보	肉	고기	육	和	화할, 화목할	화

 **교과서에 나오는 한자어**

가정(家庭)	소극적(消極的)	적응(適應)
경험(經驗)	악기(樂器)	전학(轉學)
공경(恭敬)	약속(約束)	질서(秩序)
공연(公演)	여가(餘暇)	쾌적(快適)
근면(勤勉)	존중(尊重)	태도(態度)
단정(端正)	장애(障碍)	합창(合唱)
미소(微笑)	적극적(積極的)	협동(協同)

5. 나와 우리

선정 한자 익히기

犬 (개 견)

훈	개	음	견	부수	犬
필순	一ナ大犬			총획	4

도움말: 개가 옆으로 보고 있는 모양을 본뜬 글자

용례: 忠犬(충견) 鬪犬(투견) 名犬(명견) 犬猿之間(견원지간)

果 (과실 과)

훈	과실 결과 결단할	음	과	부수	木
필순	1 口日旦果果			총획	8

도움말: '田'(밭 전)은 열매를 나타낸 것으로, 나무에 달린 열매를 뜻한다.

용례: 果實(과실) 結果(결과) 因果(인과)

刀 (칼 도)

훈	칼	음	도	부수	刀
필순	フ刀			총획	2

도움말: 칼의 모양을 본떠 만든 글자. '칼→자르다'의 뜻을 지닌다.

용례: 短刀(단도) 單刀直入(단도직입) 竹刀(죽도) 面刀(면도)

頭 (머리 두)

훈	머리 우두머리 처음	음	두	부수	頁
필순	一 戸 豆 豇 頭 頭			총획	16

도움말: '豆'(콩 두)와 '頁'(머리 혈)이 더해진 글자. '콩처럼 생긴 사람 머리→몸의 가장 으뜸→우두머리'의 뜻을 지닌다.

용례: 頭角(두각) 頭腦(두뇌) 頭目(두목)

綠 (푸를 록)

훈	푸를	음	록	부수	糸
필순	' ﹤ ≤ ≨ 紆 紆 綠			총획	14

도움말: '糸'(실 사)와 '彔'(나무 깎을 록)이 더해진 글자. '나무의 껍질을 깎으면 나오는 실 같은 것→섬유소→초록빛→푸르다'의 의미를 지닌다.

용례: 綠色(녹색) 草綠(초록) 綠陰(녹음)

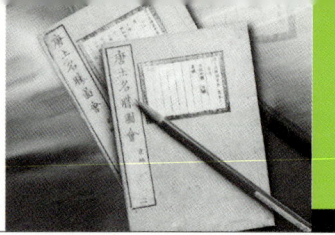

한 자 자 격 시 험 5 급

도움말
'木'(나무 목)과 '子'(아들 자/→어린이)가 더해진 글자. '어린이가 가장 좋아하는 나무 열매가 자두(오얏)'이라는 의미를 지닌다. 姓(성)으로도 쓰임

용 례
桃李(도리) 李下不整冠(이하부정관) 張三李四(장삼이사)

훈	오얏(자두) 행장	음	리	부수	木
필순	一十才ホ李李			총획	7

도움말
짐승의 털의 모양을 본뜬 글자. '털→털 모양의 수염이나 풀'의 뜻을 지닌다.

용 례
毛髮(모발) 毛皮(모피) 羊毛(양모) 不毛地(불모지)

훈	털 가늘 식물	음	모	부수	毛
필순	一二三毛			총획	4

도움말
쌀이나 수수 따위의 곡식의 낟알을 본뜬 글자. '쌀→낟알→곡식'의 뜻을 지닌다.

용 례
白米(백미) 玄米(현미) 米飮(미음)

훈	쌀	음	미	부수	米
필순	丶丶⼆〸半米米			총획	6

도움말
'疒'(병 녁)과 '丙'(밝을 병/→오행에서 불에 해당함)이 더해진 글자. '병이 들어 몸이 불덩이 같음→앓다→병→근심'의 의미를 지닌다.

용 례
問病(문병) 病院(병원) 病床(병상)

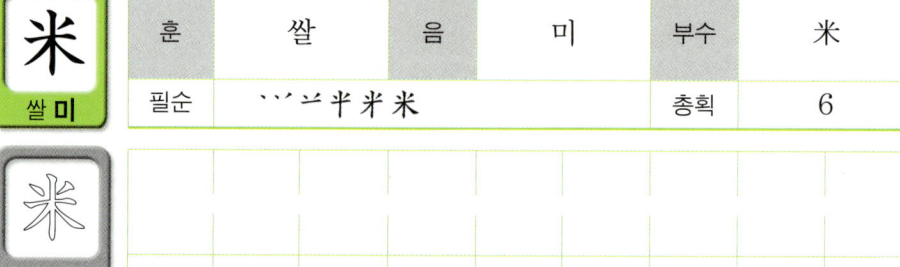

훈	병 근심할 흠	음	병	부수	疒
필순	一广广疒病病			총획	10

도움말
'止'(멈출 지)와 '少'(밝을 달)이 더해진 글자. 땅을 밟고 가는데 멈추었다가 걷다가 한다는 데서 '걸음'의 뜻을 지닌다.

용 례
步兵(보병) 速步(속보) 步行(보행) 五十步百步(오십보백보)

훈	걸음	음	보	부수	止
필순	止步步步步			총획	7

5. 나와 우리

선정 한자 익히기

훈	자리	음	석	부수	巾
필순	一广广庐庐席席			총획	10

도움말
'巾'(수건 건/헝겊, 천)과 '庶'(여러 서)가 더해진 글자. '여러 사람이 앉을 수 있게 사용하는 천→깔개→자리→(자리를) 깔다'의 의미를 지닌다.

용 례
席卷(석권) 席次(석차) 出席(출석)

훈	① 살필 ② 줄일	음	① 성 ② 생	부수	目
필순	丿丷少少省省			총획	9

도움말
'目'(눈 목/→보다→눈여겨보다)과 '少'(적을 소/→세밀하다)가 더해진 글자. '세밀하게 보다→살피다→성찰하다→깨닫다'의 의미를 지닌다.

용 례
省墓(성묘) 反省(반성) 省略(생략)

훈	성품 바탕	음	성	부수	心(忄)
필순	丶忄忄忄性性			총획	8

도움말
'忄'(마음 심)과 '生'(날 생/→태어나다)이 더해진 글자. '태어날 때부터 가지는 마음→성품→성질'의 뜻을 지닌다.

용 례
性格(성격) 性品(성품) 異性(이성)

훈	손자	음	손	부수	子
필순	了孑孑孫孫			총획	10

도움말
'子'(아들 자)와 '系'(이을 계/→핏줄)가 더해진 글자. '아들의 핏줄→손자→자손'의 뜻을 지닌다.

용 례
外孫(외손) 後孫(후손) 子孫(자손)

훈	익힐 배울 버릇	음	습	부수	羽
필순	丨ㄱ羽羽羽習習			총획	11

도움말
'羽'(깃 우)와 '白'(흰 백)이 더해진 글자. '흰 새(때묻지 않은 새→어린 새)가 날개짓을 하다→나는 것을 배우다→익히다→익숙하다'의 뜻을 지닌다.

용 례
學習(학습) 復習(복습) 習得(습득) 習慣(습관)

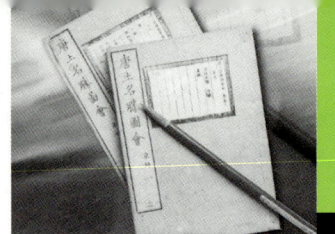

한 자 자 격 시 험 5 급

도움말
아이를 밴 여자의 모양을 옆에서 본떠 만든 글자로 '임신하다'의 뜻에서부터 전하여, '몸, 몸소, 자기'의 뜻을 나타낸다.

용 례
身體(신체) 長身(장신) 身分(신분) 殺身成仁(살신성인)

 몸 신

훈	몸	음	신	부수	身
필순	´ ⌒ ⌒ ⌒ 身 身			총획	7

도움말
'亻'(사람 인)과 '言'(말씀 언)이 더해진 글자. ①사람 사이의 말 →약속→믿음→믿다→맡기다 ② 사람 사이의 말→소식' 이라는 뜻을 지닌다.

용 례
信念(신념) 信義(신의) 通信(통신)

 믿을 신

훈	믿을 소식 반드시	음	신	부수	人(亻)
필순	亻 亻 亻 亻 信 信			총획	9

도움말
'爫'(받을 수)와 '心'(마음 심)과 '夂'(천천히 걸을 쇠)가 더해진 글자. '천천히 남의 마음을 받아들이는 것→사랑'의 뜻을 지닌다.

용 례
愛情(애정) 愛讀(애독) 愛好(애호)

 사랑 애

훈	사랑 즐길 아낄	음	애	부수	心
필순	´ ⺍ ⺤ 愛 愛 愛			총획	13

도움말
'亦'(또 역/→거듭→반복)과 '夕' (저녁 석)이 더해진 글자. '저녁 다음에 또 반복되는 것→밤'을 뜻한다.

용 례
晝夜(주야) 夜景(야경) 夜學(야학)

 밤 야

훈	밤	음	야	부수	夕
필순	亠 亠 疒 疒 疒 夜			총획	8

도움말
잘라낸 고깃덩어리의 모양을 본뜬 글자. '고깃덩어리→살→몸→신체 →(같은 신체를 물려받은 사람들) →혈육'의 뜻을 지닌다.

용 례
肉眼(육안) 血肉(혈육) 肉體(육체)

 고기 육

훈	고기 몸 혈연	음	육	부수	肉
필순	丨 冂 内 内 肉			총획	6

5. 나와 우리

선정 한자 익히기

飮 (마실 음)

훈	마실	음	음	부수	食
필순	ノ 灬 刍 曽 飮 飮			총획	13

도움말
'食'(먹을 식)과 '欠'(하품 흠)이 더해진 글자. 밥 먹고 하품하는 것처럼 물을 마시다는 데서 '음료'의 뜻을 지닌다.

용례
飮食(음식) 飮酒(음주) 飮料(음료)

音 (소리 음)

훈	소리 음악	음	음	부수	音
필순	亠 ㄗ 立 产 咅 音			총획	9

도움말
'言'(말씀 언/→소리)과 '一'(한 일)이 더해진 글자. '하나로 합쳐진 소리→음악'의 뜻을 지닌다.

용례
音律(음율) 音樂(음악) 音聲(음성)

昨 (어제 작)

훈	어제	음	작	부수	日
필순	丨 日 昨 昨 昨 昨			총획	9

도움말
'日'(날 일)과 '乍'(잠깐 사)가 더해진 글자. '하루(날)가 잠깐 사이에 지나가니 어제→과거→옛날'의 뜻을 지닌다.

용례
昨今(작금) 昨日(작일) 昨年(작년)

田 (밭 전)

훈	밭 사냥할	음	전	부수	田
필순	丨 冂 冊 田 田			총획	5

도움말
농경지를 위에서 보고 본뜬 모양

용례
田畓(전답) 田園(전원) 田獵(전렵) 我田引水(아전인수)

體 (몸 체)

훈	몸 격식 물질	음	체	부수	骨
필순	冂 ㅂ 骨 骨 體 體			총획	23

도움말
'骨'(뼈 골)과 '豊'(제기 례)가 더해진 글자. 뼈로 이루어진 것이 '몸'이라는 뜻을 지닌다.

용례
體格(체격) 體力(체력) 體重(체중)

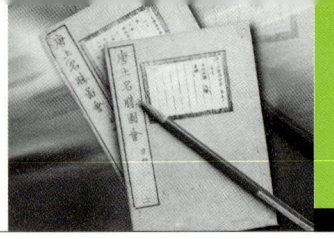

한 자 자 격 시 험 5 급

도움말
'立'(설 립)과 '木'(나무 목)과 '見'(볼 견)이 더해진 글자. '나무 꼭대기에 올라서서 자식이 오는가를 바라보는 어버이→친하다'의 뜻을 지닌다.

용례
親近(친근) 親舊(친구) 兩親(양친)

	훈	친할 어버이 몸소	음	친	부수	見
친할 친	필순	亠立辛亲新親親			총획	16

도움말
조개 모양을 본뜬 글자. 옛날에 조개가 화폐로 사용되었던 것에서 유래하여 '재물, 돈'을 뜻하는 글자로 쓰인다.

용례
魚貝類(어패류) 貝物(패물) 貝殼(패각)

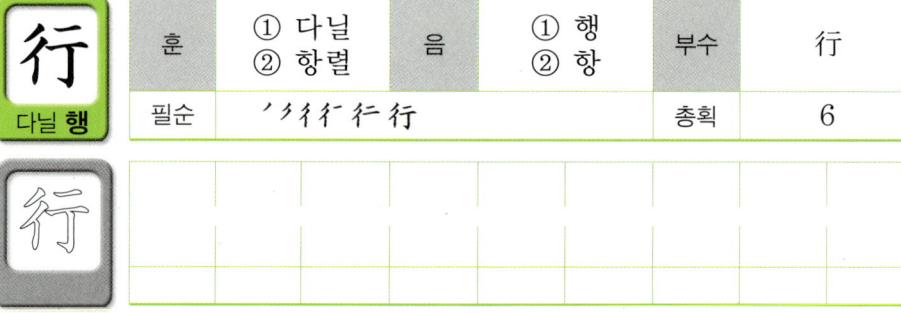

	훈	조개 재물	음	패	부수	貝
조개 패	필순	丨冂冂月月貝			총획	7

도움말
'彳'(자축거리 척/왼발로 걷는 모양)과 '亍'(자축거리 촉/오른발로 걷는 모양)이 더해진 글자. '좌우의 발을 번갈아 가며 걷다→다니다'의 뜻을 지닌다.

용례
行方(행방) 行商(행상) 行列(항렬, 행렬)

	훈	① 다닐 ② 항렬	음	① 행 ② 항	부수	行
다닐 행	필순	丿彳彳亍行行			총획	6

도움말
원래는 '夭'(일찍 죽을 요)와 '屰'(거스를 역)이 더해진 글자. 일찍 죽는 것을 거스른다는 데서 '요행, 다행'의 뜻을 지닌다.

용례
幸福(행복) 幸運(행운) 不幸(불행)

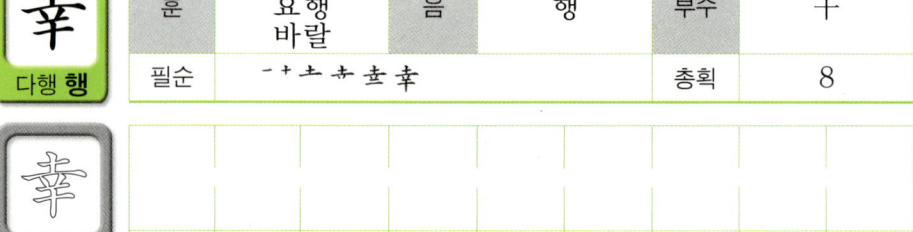

	훈	다행 요행 바랄	음	행	부수	干
다행 행	필순	一十土卉圶幸			총획	8

도움말
'禾'(벼 화/→곡식)와 '口'(입 구/→먹다)이 더해진 글자. 곡식을 함께 나누어 먹는다는 데서 '화목하다, 온화하다'의 뜻을 지닌다.

용례
調和(조화) 和氣(화기) 平和(평화) 家和萬事成(가화만사성)

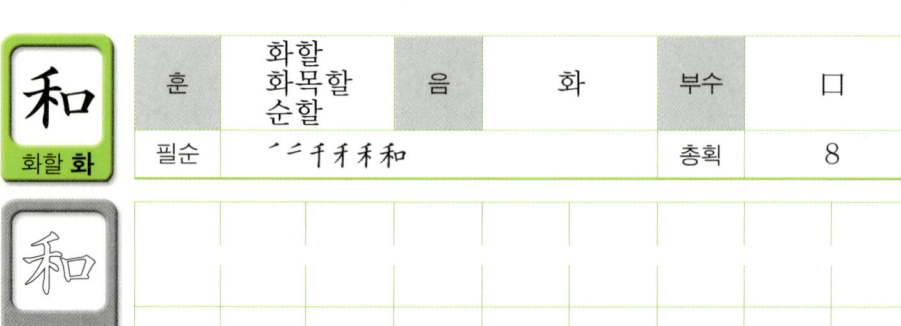

	훈	화할 화목할 순할	음	화	부수	口
화할 화	필순	丿二千禾禾和			총획	8

5. 나와 우리

교과서 한자어 자세히 알기

www.hanja114.org

가정
家庭

- **훈음**: 집 **가**, 뜰 **정**
- **풀이**: 가족이 함께 생활하는, 사회의 가장 작은 집단
- **쓰임**: 건강한 家庭은 가족 간의 유대가 긴밀한 가정이다.

경험
經驗

- **훈음**: 지날 **경**, 시험 **험**
- **풀이**: 실지로 보고 듣고 겪은 일
- **쓰임**: 자기의 經驗을 떠올리며 '시간여행'이라는 시를 읽어봅시다.

공경
恭敬

- **훈음**: 공손 **공**, 공경할 **경**
- **풀이**: 남을 대할 때 몸가짐을 공손히 하고 존경함
- **쓰임**: 사람 사이의 예절은 상대방을 서로 恭敬하는 데에 있다.

공연
公演

- **훈음**: 공변될 **공**, 펼 **연**
- **풀이**: 연극·음악·무용 등을 공개된 자리에서 해 보임
- **쓰임**: 公演이 시작된 후에 들어온 관람객이 좌석을 찾고 있다.

근면
勤勉

- **훈음**: 부지런할 **근**, 힘쓸 **면**
- **풀이**: 아주 부지런함
- **쓰임**: 勤勉은 세 개의 큰 악, 태만과 부도덕 그리고 가난을 제거한다.

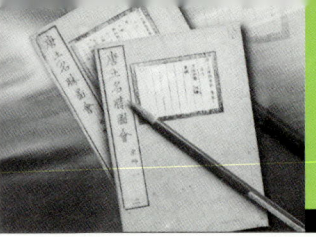

한 자 자 격 시 험 5 급

단정
端正
- **훈음** 바를 **단**, 바를 **정**
- **풀이** 모습이나 몸가짐이 흐트러진 데 없이 얌전하고 깔끔
- **쓰임** 집에서도 옷차림을 늘 端正히 했나요?

미소
微笑
- **훈음** 작을 **미**, 웃음 **소**
- **풀이** 소리를 내지 않고 빙긋이 웃는 웃음
- **쓰임** 돌덩이를 옮긴 두 소년은 땀을 닦으며 微笑를 지었습니다.

소극적
消極的
- **훈음** 사라질 **소**, 다할 **극**, 과녁 **적**
- **풀이** 제 스스로 나서서 하지 않는 것(↔ 적극적)
- **쓰임** 문화 교류는 消極的으로 하지 말아라.

악기
樂器
- **훈음** 풍류, 음악 **악**, 그릇 **기**
- **풀이** 음악을 연주하는 데 쓰이는 기구를 통틀어 이르는 말. 관악기·현악기·타악기 따위
- **쓰임** 사물놀이는 꽹과리, 북, 장구, 징 등 네 가지의 타樂器만으로 구성된 놀이이다.

약속
約束
- **훈음** 맺을 **약**, 묶을 **속**
- **풀이** 어떤 일에 대하여 어떻게 하기로 미리 정해 놓고 서로 어기지 않을 것을 다짐함
- **쓰임** 쓰레기의 분리·처리는 환경 보호와 자원의 낭비를 막기 위해 지켜야 할 중요한 約束이다.

5. 나와 우리

교과서 한자어 자세히 알기

여가 餘暇
- **훈음**: 남을 **여**, 겨를 **가**
- **풀이**: 겨를. 틈
- **쓰임**: 餘暇란 직장 생활이나 공부로부터 벗어난 자유로운 시간을 말한다.

존중 尊重
- **훈음**: 높을 **존**, 무거울 **중**
- **풀이**: 소중하게 여김
- **쓰임**: 우리는 다른 사람의 권리와 이익을 尊重해야 한다.

장애 障碍
- **훈음**: 막을 **장**, 막을 **애**
- **풀이**: 거치적거리어 방해가 되는 일. 신체상의 고장
- **쓰임**: 그는 한 번도 障碍가 있다는 것을 부끄럽게 생각해 본 적이 없습니다.

적극적 積極的
- **훈음**: 쌓을 **적**, 다할 **극**, 과녁 **적**
- **풀이**: 어떤 일에 있어서 나서서 열심히 하는 것
- **쓰임**: 학교와 고장의 발전을 위하는 일에 積極的으로 참여하겠습니다.

적응 適應
- **훈음**: 맞을 **적**, 응할 **응**
- **풀이**: 어떠한 상황이나 조건에 잘 어울림
- **쓰임**: 곤충은 오직 본능에 의해 자연의 섭리대로 계절의 변화에 適應한다.

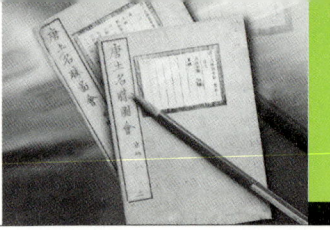

한자자격시험 5급

전학 轉學
- **훈음** 구를 **전**, 배울 **학**
- **풀이** 다른 학교로 옮김
- **쓰임** 轉學 온 지 한 달이 넘은 요즘도 그 아이는 친한 친구가 없다.

질서 秩序
- **훈음** 차례 **질**, 차례 **서**
- **풀이** 사물 또는 사회가 올바른 생태를 유지하기 위하여 지켜야 할 일정한 차례나 규칙
- **쓰임** 습지의 현명한 이용은 습지 생태계의 秩序를 깨뜨리지 않는 한도 내에서 이용하는 것입니다.

쾌적 快適
- **훈음** 쾌할 **쾌**, 맞을 **적**
- **풀이** 몸과 마음에 알맞아 기분이 썩 좋음
- **쓰임** 快適한 환경을 가꾸기 위하여 선생님, 부모님과 함께 교정 안에 숲과 연못을 만드는 학교가 있습니다.

태도 態度
- **훈음** 모양 **태**, 법도 **도**
- **풀이** 어떤 사물에 대한 감정이나 생각 따위가 겉으로 나타난 모습
- **쓰임** 이야깃거리를 정하여 바른 態度로 의견을 주고받아 보자.

합창 合唱
- **훈음** 합할 **합**, 부를 **창**
- **풀이** 여러 사람이 소리를 맞추어 노래함
- **쓰임** 화음의 아름다움을 느끼며 부분 2부 合唱을 해 봅시다.

5. 나와 우리

교과서 한자어 자세히 알기

협동
協同

- **훈음**: 도울 **협**, 한가지 **동**
- **풀이**: 여럿이 마음과 힘을 합함
- **쓰임**: 운동이나 게임을 할 때에는 규칙을 지키고 서로 協同하면 더욱 즐겁게 할 수 있습니다.

4 쉬어가는 페이지

漢字(한자)를 공부하는 방법

漢字(한자)를 공부하는 방법의 지름길은 字典(자전)은 늘 가까이하여 찾아보는 것이라 생각된다. 아울러 국어사전도 겸비하여 같은 단어라도 국어사전을 통하여 정확하게 배워야한다. "공사"라는 우리말을 한자로 쓰면, 工事(만드는일), 公私(공과 사), 空士(공군사관학교의 준말), 公使(외교관을 일컫는 말)등 많기 때문에 자전을 통해서 한자를 익히고, 국어사전을 이용하여 말하고자 하는 정확한 의미의 단어를 사용해야 한다.

한자자격시험 5급

고사성어

꼬리 미 | 날, 살 생 | 갈, 어조사 지 | 믿을 신

 미생지신
'미생의 믿음'이라는 뜻으로, 미련하도록 약속을 굳게 지키는 것이나 고지식하여 융통성이 없음을 가리키는 말

 우리 주변에는 자신이 한 약속을 잘 지키려는 사람이 있는 반면, 자신이 한 말조차 책임지지 않으려는 사람도 있습니다. 물론 약속을 지키려는 행위는 매우 중요하지만 작은 명분만을 지키기 위해 약속을 고수하려는 자세에 대해서는 재고가 필요합니다. 미생의 이야기를 보고 자신이라면 어떻게 했을까 생각해 봅시다.

노(魯)나라에 미생(尾生)이라는 사람이 있었는데 어떤 일이 있더라도 약속을 어기는 법이 없었습니다. 어느 날 미생은 애인과 다리 밑에서 만나기로 약속하여 정시(定時)에 약속 장소에 나갔으나 웬일인지 그녀는 나타나지 않았습니다. 미생이 계속 그녀를 기다리고 있었는데 갑자기 장대비가 쏟아져 개울물이 불어나기 시작했어요. 그래도 미생은 약속 장소를 떠나지 않고 기다리다가 결국 교각(橋脚)을 끌어안은 채 익사(溺死)하고 말았답니다.

미생의 이야기는 《사기(史記)》〈소진열전(蘇秦列傳)〉과 《장자(莊子)》〈도척편〉에 나오는데 이를 바라보는 관점에는 차이가 있습니다. 전국시대의 종횡가로 이름이 난 소진(蘇秦)은 연(燕)나라의 소왕(昭王)을 설파할 때에 이 이야기를 예로 들어 자신의 신의를 강조하였습니다..
그러나 장자는 〈도척편〉에서 공자와 대화를 나누는 도척의 입을 빌어 미생의 융통성 없고 어리석음을 "이런 인간은 제사에 쓰려는 개나 물에 떠내려가는 돼지, 아니면 쪽박을 들고 빌어먹는 거지와 다를 바 없다. 쓸데없는 명분에 빠져 소중한 목숨을 가벼이 여기는 인간은 진정한 삶의 길을 모르는 놈이다."라고 비판하고 있습니다. 그 외에도 《전국책(戰國策)》의 〈연책(燕策)〉, 《회남자(淮南子)》의 〈설림훈편(說林訓篇)〉 등에 보이는데, 소진만이 미생(尾生)의 행동을 신의(信義)로 보고 다른 곳에서는 모두 이 이야기를 작은 명분에 집착하는 고지식하고 융통성 없는 예로 들고 있습니다.

미련할 만큼 약속을 굳게 지키려는 미생의 태도가 무조건 올바르다고 할 수는 없으나 매일 텔레비전 뉴스나 신문 기사를 장식하는 진실하지 못한 사람들에게는 반성의 계기가 될 수도 있을 법 합니다.

고사성어와 한자성어

지 음

'소리를 알아주다'는 뜻으로, 말하지 않아도 자신의 속마음까지 알아주는 친구를 이르는 말로 知己之友(지기지우)라고도 한다

한 때 친구를 소재로 한 영화가 매우 인기를 얻은 적이 있습니다. 각기 다른 모습으로 살아가는 네 사람들이 '오래 두고 사귄 벗', 친구라는 이름으로 묶여집니다. 중국 춘추시대 거문고의 명수 백아(伯牙)와 나무꾼 종자기(鍾子期)는 어떤 인연으로 친구가 되어 어떤 사귐을 이루었을까요?

춘추시대 진(晉)나라에 유백아(兪伯牙)라는 사람이 있었습니다. 그는 본디 초(楚)나라 사람으로 거문고의 달인(達人)이었는데, 진나라에 가서 상대부가 되었습니다.

백아가 왕명을 받고 자신의 조국인 초(楚)나라에 사신으로 가게 되어 오랜만에 고향을 찾았습니다. 때마침 추석(秋夕) 무렵이라, 그는 휘영청 밝은 달을 배경으로 구성지게 거문고를 뜯으며 흥취를 즐기고 있었습니다. 그때 허름한 차림의 젊은 나무꾼이 몰래 그의 연주를 엿듣고 있었는데, 놀랍게도 그는 백아의 음악을 꿰뚫고 있었습니다.

백아(伯牙)가 깜짝 놀라 나무꾼과 음악에 대한 질문과 답을 주고 받게 됩니다. 백아가 산(山)의 웅장한 모습과 격류(激流)의 우렁찬 기상을 거문고 소리로 표현하자, 나무꾼은 이를 정확하게 맞추었습니다. 이에 백아(伯牙)는 무릎을 치면서 "당신이야 말로 진정 소리를 아는(知音) 분이군요." 라고 말했답니다.

이에 백아는 나무꾼 종자기(種子期)와 의형제를 맺고, 내년에 다시 만나자는 약속을 하고서 헤어지게 되었습니다.

이듬해 백아(伯牙)가 종자기(種子期)의 집을 찾았을 때 그는 이미 죽고 없었습니다. 종자기(種子期)의 무덤을 찾은 백아(伯牙)는 너무도 슬픈 나머지 최후의 한 곡을 연주하고는 거문고 줄을 끊고 산산조각 내버렸답니다. 종자기(種子期) 같은 지음(知音)이 없으니 더 이상 거문고를 연주하고 싶은 생각이 없었기 때문입니다.

여기에서 백아가 거문고 줄을 끊었다는 '백아절현(伯牙絶絃)'의 고사(故事)가 나왔으며, '지음(知音)'은 마음까지 통할 수 있는 '절친한 친구'를 뜻하게 되었습니다. 지금 여러분에게 지음(知音)이 있는지, 여러분은 누구에게 지음(知音)이 되고 있는지 생각해 보길 바랍니다.

한 자 자 격 시 험 5 급

알아두면 유익한 한자성어

犬 猿 之 間
개 견 / 원숭이 원 / 갈,어조사 지 / 사이 간

🧑 **견원지간**
'개와 원숭이의 사이'라는 뜻으로, 서로 사이가 나쁜 두 사람의 관계를 비유하여 이르는 말

九 牛 一 毛
아홉 구 / 소 우 / 한 일 / 털 모

🧑 **구우일모**
'아홉 마리 소 가운데 하나의 털'이라는 뜻으로, 많은 것 가운데 섞인 아주 적은 것을 이르는 말

勸 善 懲 惡
권할 권 / 착할 선 / 징계할 징 / 악할 악

🧑 **권선징악**
'선을 권하고 악을 징계한다.'라는 뜻으로, 선한 일을 권하고 악한 일을 경계함을 이르는 말

燈 火 可 親
등잔 등 / 불 화 / 옳을, 가할 가 / 친할 친

🧑 **등화가친**
'등불을 가까이 할 만하다.'라는 뜻으로, 글 읽기에 좋은 시절인 가을을 이르는 말

5. 나와 우리

단원 마무리 연습문제

♣ 다음 ( ) 안에 공통으로 들어갈 한자를 〈보기〉에서 골라 쓰세요. (1~10)

보기

| 習 | 幸 | 肉 | 愛 | 果 |
| 信 | 音 | 性 | 和 | 步 |

1. ( )格, ( )質, ( )品
2. ( )行, ( )道, 競( )
3. 學( ), 演( ), 復( )
4. ( )聲, ( )樂, ( )色
5. ( )食, ( )身, ( )體
6. ( )念, 背( ), 自( )
7. ( )福, 不( ), 多( )
8. ( )情, 友( ), ( )人
9. ( )合, 調( ), ( )解
10. ( )實, ( )樹園, 白( )

♣ 다음 뜻에 해당하는 단어를 〈보기〉에서 골라 한자로 조합하여 쓰세요. (11~16)

보기

| 愛 | 身 | 行 | 果 | 席 | 性 |
| 步 | 體 | 親 | 刀 | 病 | 習 |

11. 사과나 배를 깎을 때 쓰는 칼을 ○○라고 합니다.
    ( )

12. 걸어다니는 것을 한자어로 ○○이라고 하지요.
    ( )

13. 우리의 몸을 ○○라고 하지요.
    ( )

14. 흔히 정치인들이 연설을 할 때 "○○하는 국민 여러분"이라고 말하지요.
    ( )

15. 아파 입원하거나 누워 있는 것을 ○○에 있다고 합니다.
    ( )

16. 오랜 습관에 의하여 굳어진 성질을 ○○이라고 합니다.
    ( )

♣ 다음 ( ) 안에 들어갈 적합한 한자어를 바르게 쓴 것을 고르세요. (17~25)

17. 건강한 (   )은 가족 간의 유대가 긴밀한 가정이다.
    ① 家庭   ② 家丁   ③ 家政   ④ 家正

18. 사람 사이의 예절은 상대방을 서로 (   ) 하는 데에 있다.
    ① 公敬   ② 恭敬   ③ 共敬   ④ 功敬

19. 집에서도 옷차림을 늘 (   )히 했나요?
    ① 端整   ② 短正   ③ 端正   ④ 短定

20. 쓰레기의 분리·처리는 환경 보호와 자원의 낭비를 막기 위해 지켜야 할 중요한 (   )이다.
    ① 約速   ② 約俗   ③ 若束   ④ 約束

112 5. 나와 우리

21. 우리는 다른 사람의 권리와 이익을 (   ) 해야 한다.

    ① 尊重   ② 存重   ③ 尊中   ④ 存中

22. 곤충은 오직 본능에 의해 자연의 섭리대로 계절의 변화에 (   )한다.

    ① 的應   ② 適應   ③ 積應   ④ 摘應

23. (   ) 온 지 한 달이 넘은 요즘도 그 아이는 친한 친구가 없다.

    ① 全學   ② 展學   ③ 轉學   ④ 傳學

24. (   )한 환경을 가꾸기 위하여 선생님, 부모님과 함께 교정 안에 숲과 연못을 만드는 학교가 있습니다.

    ① 快的   ② 快積   ③ 快摘   ④ 快適

25. 운동이나 게임을 할 때에는 규칙을 지키고 서로 (   )하면 더욱 즐겁게 할 수 있습니다.

    ① 協同   ② 脇動   ③ 協動   ④ 脇同

♣ □ 안에 주어진 한자와 <u>관련된</u> 한자끼리 짝지어 보세요. (26~30)

26. 食 •   • 頭

27. 海 •   • 米

28. 心 •   • 貝

29. 首 •   • 綠

30. 草 •   • 性

정답

1. 性	2. 步	3. 習	4. 音
5. 肉	6. 信	7. 幸	8. 愛
9. 和	10. 果	11. 果刀	12. 步行
13. 身體	14. 親愛	15. 病席	16. 習性
17. ①	18. ②	19. ③	20. ④
21. ①	22. ②	23. ③	24. ④
25. ①	26. 米	27. 貝	28. 性
29. 頭	30. 綠		

6 연습문제 및 기출문제

한자실력급수 자격시험 5급 연습문제 〈1〉

객관식 (1~30번)

※ [   ] 안의 한자와 음(소리)이 같은 한자는?

1. [弟]   ① 兄 ② 題 ③ 朝 ④ 字

2. [樹]   ① 夫 ② 童 ③ 林 ④ 手

3. [科]   ① 果 ② 衣 ③ 在 ④ 對

4. [李]   ① 敎 ② 理 ③ 田 ④ 神

5. [消]   ① 面 ② 失 ③ 少 ④ 藥

※ [   ] 안의 한자의 뜻으로 알맞은 것은?

6. [親] ①새롭다 ②친하다 ③보다 ④버리다

7. [幸] ①위하다 ②다니다 ③맵다 ④다행

8. [遠] ①멀다 ②가깝다 ③둥글다 ④높다

※ [   ] 안의 한자와 뜻이 비슷하거나 같은 한자는?

9. [路]   ① 秋 ② 界 ③ 短 ④ 道

10. [便] ① 共 ② 元 ③ 安 ④ 重

※ [   ] 안의 한자와 뜻이 반대되거나 상대되는 한자는?

11. [生] ① 太 ② 友 ③ 死 ④ 綠

12. [苦] ① 樂 ② 金 ③ 全 ④ 音

※ 〈보기〉의 단어들과 가장 관련이 깊은 한자는?

13. | 〈보기〉 | 생선 | 바다 | 어부 |

① 式   ② 室   ③ 魚   ④ 答

14. | 〈보기〉 | 봉숭아 | 장미 | 카네이션 |

① 花   ② 長   ③ 多   ④ 步

15. | 〈보기〉 | 새싹 | 꽃 | 나비 |

① 姓   ② 老   ③ 犬   ④ 春

※ [   ] 안의 한자어의 독음(소리)으로 알맞은 것은?

16. [恭敬] ① 공대 ② 공겸 ③ 공경 ④ 공손

17. [快適] ① 최적 ② 균적 ③ 자적 ④ 쾌적

18. [協同] ① 공동 ② 협동 ③ 합동 ④ 혼동

19. [餘韻] ① 여가 ② 여지 ③ 여운 ④ 여유

20. [曲線] ① 곡선 ② 곡천 ③ 곡면 ④ 곡절

※ [   ] 안의 한자어의 뜻으로 알맞은 것은?

21. [選擧]
① 여럿 가운데서 필요한 것을 골라 뽑음.
② 스포츠를 직업으로 하는 사람.
③ 일정한 조직이나 집단이 대표자나 임원을 뽑는 일.
④ 남보다 먼저 어떤 일을 시작하거나 길을 떠남.

22. [聯想]
① 하나의 관념이 다른 관념을 불러일으키는 현상.
② 두 가지 이상의 사물이 서로 합동하여 하나의 조직체를 만듦.
③ 어떤 일을 직접 당하기 전에 미리 생각하여 둠.
④ 여럿이 함께 무슨 일을 하거나 함께 책임을 짐.

23. [投資]
① 기회를 틈타 큰 이익을 보려고 함.
② 투표용지에 의사를 표시하여 일정한 곳에 내는 일.
③ 이익을 얻기 위하여 어떤 일이나 사업에 자본을 대거나 시간이나 정성을 쏟음.
④ 야구에서 상대편의 타자가 칠 공을 포수를 향하여 던지는 선수.

24. [公演]
① 토목이나 건축 따위의 일.
② 국가적이나 사회적으로 인정된 공적인 방식.
③ 틀에 박힌 형식이나 방식.
④ 음악, 무용, 연극 따위를 많은 사람 앞에서 보이는 일.

25. [自由]
① 가려서 따로 나눔.
② 행동이나 의사의 자유를 제한하거나 속박함.
③ 돌보거나 간섭하지 않고 제멋대로 내버려 둠.
④ 외부적인 구속이나 무엇에 얽매이지 아니하고 자기 마음대로 할 수 있는 상태.

※ [   ] 안에 들어갈 한자어로 알맞은 것은?

26. 주몽은 고구려를 [   ]했다.
① 衛星 ② 收入 ③ 種類 ④ 建國

27. TV [   ]를 통해 신제품을 홍보하였다.
① 時調 ② 廣告 ③ 宇宙 ④ 根據

28. 나의 오랜 고민이 드디어 [   ]되었다.
① 經濟 ② 樂器 ③ 解決 ④ 結果

29. 주말에 아버지와 함께 역사 [   ]에 다녀왔다.
① 創意的   ② 參政權
③ 博物館   ④ 太陽系

30. 가을은 책을 읽기에 좋은 [   ]이다.
① 端正 ② 縮尺 ③ 文脈 ④ 季節

한자실력급수 자격시험 5급 연습문제 <1>

주관식 (31~100번)

※ 한자의 훈(뜻)과 음(소리)을 한글로 쓰시오.

31. 別 (   )

32. 號 (   )

33. 通 (   )

34. 形 (   )

35. 作 (   )

36. 電 (   )

37. 竹 (   )

38. 病 (   )

39. 午 (   )

40. 服 (   )

※ 훈과 음에 맞는 한자를 <보기>에서 찾아 쓰시오.

<보기>	命 開 示 油 昨 話 刀 孝 京 者

41. 효도   효 (   )

42. 열   개 (   )

43. 놈   자 (   )

44. 어제   작 (   )

45. 목숨   명 (   )

46. 기름   유 (   )

47. 칼   도 (   )

48. 보일   시 (   )

49. 서울   경 (   )

50. 말씀   화 (   )

※ 한자어의 독음을 한글로 쓰시오.

51. 品位　（　　　　　）

52. 放心　（　　　　　）

53. 英才　（　　　　　）

54. 讀書　（　　　　　）

55. 性急　（　　　　　）

56. 育成　（　　　　　）

57. 水銀　（　　　　　）

58. 血肉　（　　　　　）

59. 頭目　（　　　　　）

60. 圖表　（　　　　　）

61. 學習　（　　　　　）

62. 祖父　（　　　　　）

63. 米飮　（　　　　　）

64. 野外　（　　　　　）

65. 速力　（　　　　　）

66. 直立　（　　　　　）

67. 民族　（　　　　　）

68. 元首　（　　　　　）

69. 當番　（　　　　　）

70. 去來　（　　　　　）

※ 〈보기〉의 뜻을 참고하여 ○안에 공통으로 들어갈 한자를 쓰시오.

71. (1) ○弱　　(2) ○大　　（　　　　　）

〈보기〉	(1) 강하고 약함. 또는 그런 정도. (2) 나라나 조직 따위의 역량이 강하고 큼.

72. (1) 勝○　　(2) ○用　　（　　　　　）

〈보기〉	(1) 겨루어서 이김. (2) 대상을 필요에 따라 이롭게 씀.

73. (1) 漢○　　(2) ○人　　（　　　　　）

〈보기〉	(1) 한문으로 이루어진 정형시. (2) 시를 전문적으로 짓는 사람.

한자실력급수 자격시험 5급 연습문제 〈1〉

※ ○안에 공통으로 들어갈 한자를 〈보기〉에서 찾아 쓰시오.

〈보기〉	畫	歌	耳	明	風

74. 分○   ○白   發○   (   )

75. 校○   ○手   軍○   (   )

76. ○土   東○   ○車   (   )

※ 문장에서 잘못 쓴 한자를 바르게 고쳐 쓰시오. (단, 음이 같은 한자로 고칠 것)

77. 담임 선생님께서 出夕을 부르셨다.
(→   )

78. 친구들과 海羊 박물관에 견학을 갔다.
(→   )

※ [   ]안의 단어를 한자로 쓰시오.

79. 일교차가 심해지자 [감기] 환자가 늘었다.
(   )

80. [창문]을 닫지 않아 교실 안으로 비가 들이쳤다. (   )

81. 지난 [휴일]에는 시골 할머니 댁에 다녀왔다. (   )

82. 나는 미술 시간이 [제일] 좋다.
(   )

83. "내 사전에 불가능은 없다."는 [명언]을 가슴에 새기며 다시 용기를 내었다.
(   )

※ [   ]안의 한자어 독음을 한글로 쓰시오.

84. 지금까지 저축한 돈의 합계가 얼마나 되는지 [計算]해 보았다. (   )

85. 급한 일이 생겨서 [約束] 시간을 변경하였다. (   )

86. 수학 시간에 [分數]와 소수를 배웠다.
(   )

87. 각자가 맡은 [役割]에 최선을 다했다.
(   )

88. 현대인은 [情報]의 홍수 속에 살고 있다.
(   )

89. 그녀는 자신의 [背景]만 믿고 노력은 전혀 하지 않는다. (   )

90. 어버이날을 맞아 가족과 함께 [旅行]을 갔다. (   )

91. 경주에는 신라의 [文化財]가 많이 남아 있다. (   )

92. 엘리베이터는 정원이 [超過]하면 벨이 울린다. (   )

93. 이 우유는 고온에서 단시간 [加熱]하여 살균한 제품이다. (   )

94. 이 놀이기구를 타려면 키가 130cm [以上]이 되어야 한다. (   )

95. 붉은 악마의 [秩序]있는 응원 모습은 세계 사람들에게 감동을 주었다. (   )

96. 공식적인 자리에서는 [標準語]를 사용하는 것이 바람직하다. (   )

97. 열대림이 파괴되면 그곳에서 서식하는 각종 동식물도 멸종하게 되어 지구 [生態系]에 심각한 영향을 줄 수 있다. (   )

98. 우리는 오늘 과학관에 가서 공룡 화석과 여러 가지 [巖石]을 보았다. (   )

※ 한자성어의 설명을 읽고 ○안에 들어갈 한자를 차례대로 쓰시오.

99. ○牛一○ (,   )

[구우일모] 아홉 마리의 소 가운데 박힌 하나의 털이란 뜻으로, 매우 많은 것 가운데 극히 적은 수를 이르는 말.

100. ○無○無 (,   )

[전무후무] 이전에도 없었고 앞으로도 없음.

한자실력급수 자격시험 5급 연습문제 <2>

객관식 (1~30번)

※ [　] 안의 한자와 음(소리)이 같은 한자는?

1. [洋]　①朝　②草　③陽　④頭
2. [計]　①界　②秋　③科　④身
3. [童]　①工　②名　③英　④同
4. [語]　①元　②魚　③失　④肉
5. [明]　①孝　②飮　③題　④命

※ [　] 안의 한자의 뜻으로 알맞은 것은?

6. [晝] ①낮　②그림　③글　④예술
7. [會] ①푸르다 ②향하다 ③모이다 ④흐리다
8. [見] ①보다　②듣다　③먹다　④쓰다

※ [　] 안의 한자와 뜻이 비슷하거나 같은 한자는?

9. [文]　①家　②章　③本　④在
10. [里]　①李　②夜　③當　④村

※ [　] 안의 한자와 뜻이 반대되거나 상대되는 한자는?

11. [遠]　①竹　②第　③孫　④近
12. [去]　①來　②形　③別　④神

※ <보기>의 단어들과 가장 관련이 깊은 한자는?

13. <보기> 스키　눈사람　썰매
　　①勝　②冬　③京　④窓

14. <보기> 감기　상처　두통
　　①太　②詩　③族　④藥

15. <보기> 친구　우정　죽마고우
　　①友　②登　③短　④古

※ [　] 안의 한자어의 독음(소리)으로 알맞은 것은?

16. [分布] ① 분산 ② 분석 ③ 분포 ④ 분단
17. [勤勉] ① 근태 ② 근면 ③ 근검 ④ 근무
18. [團體] ① 고체 ② 기체 ③ 액체 ④ 단체
19. [肯定] ① 긍정 ② 부정 ③ 조정 ④ 수정
20. [衛星] ① 금성 ② 행성 ③ 위성 ④ 수성

※ [   ] 안의 한자어의 뜻으로 알맞은 것은?

21. [適應]
① 서로 만나서 이야기함.
② 일정한 범위에 흩어져 퍼짐.
③ 일정한 조건이나 환경에 맞추어 잘 어울림.
④ 글의 연결이나 줄거리.

22. [餘暇]
① 일이 없어 남는 시간.
② 머릿속으로 그려서 생각함.
③ 둘 이상의 사물을 서로 견주어 봄.
④ 부지런히 일하며 힘씀.

23. [描寫]
① 사물의 말미암은 까닭.
② 새로운 생각이나 의견.
③ 행성의 인력에 의하여 그 둘레를 도는 천체.
④ 사물을 있는 그대로 그려 냄.

24. [規則]
① 사물의 내용이나 형편에 관한 소식이나 재료.
② 여러 사람이 다 같이 지키기로 작정한 법칙.
③ 세상에 널리 알림.
④ 상품이나 기술 따위를 외국으로 팔아 내보냄.

25. [縮尺]
① 국가와 국가 사이의 무력에 의한 싸움.
② 인간 사회가 거쳐 온 변천의 모습.
③ 공동생활을 하는 인간의 집단.
④ 지도에서의 거리와 지표에서의 실제 거리와의 비율.

※ [   ] 안에 들어갈 한자어로 알맞은 것은?

26. 전교 회장 선거에서 가장 성실할 것 같은 사람에게 [   ]를 했다.
① 超過   ② 投票   ③ 單位   ④ 情報

27. 꽃잎의 색깔에 따라 꽃을 [   ]해 보았다.
① 種類   ② 恭敬   ③ 歷史   ④ 分類

28. '콩쥐 팥쥐'를 읽고 [   ]에 남는 장면을 이야기하였다.
① 印象   ② 廣告   ③ 貯金   ④ 以上

29. 수목원에서 아름다운 [   ]을 느꼈다.
① 地震   ② 加熱   ③ 自然   ④ 稅金

30. 그 학생의 건방진 [   ]에 사람들은 눈살을 찌푸렸다.
① 統一   ② 態度   ③ 巖石   ④ 季節

한자실력급수 자격시험 5급 연습문제 ⟨2⟩

주관식 (31~100번)

※ 한자의 훈(뜻)과 음(소리)을 한글로 쓰시오.

31. 毛 (   )

32. 永 (   )

33. 步 (   )

34. 愛 (   )

35. 各 (   )

36. 始 (   )

37. 半 (   )

38. 淸 (   )

39. 死 (   )

40. 勇 (   )

※ 훈과 음에 맞는 한자를 ⟨보기⟩에서 찾아 쓰시오.

⟨보기⟩	夏 根 苦 習 貝 犬 朴 理 春 才

41. 다스릴   리 (   )

42. 재주   재 (   )

43. 익힐   습 (   )

44. 뿌리   근 (   )

45. 순박할   박 (   )

46. 조개   패 (   )

47. 여름   하 (   )

48. 봄   춘 (   )

49. 괴로울   고 (   )

50. 개   견 (   )

※ 한자어의 독음을 한글로 쓰시오.

51. 問答　　(　　　　　)

52. 不足　　(　　　　　)

53. 老少　　(　　　　　)

54. 高速　　(　　　　　)

55. 番號　　(　　　　　)

56. 讀音　　(　　　　　)

57. 反省　　(　　　　　)

58. 靑綠　　(　　　　　)

59. 意圖　　(　　　　　)

60. 前後　　(　　　　　)

61. 消火　　(　　　　　)

62. 表示　　(　　　　　)

63. 黃色　　(　　　　　)

64. 弱者　　(　　　　　)

65. 無禮　　(　　　　　)

66. 夜間　　(　　　　　)

67. 石油　　(　　　　　)

68. 路線　　(　　　　　)

69. 交通　　(　　　　　)

70. 對話　　(　　　　　)

※ 〈보기〉의 뜻을 참고하여 ○안에 공통으로 들어갈 한자를 쓰시오.

71. (1) ○水　　(2) ○品　　(　　　　　)

〈보기〉	(1) 먹는 물. (2) 사람이 일상적으로 섭취하는 음식물을 통틀어 이르는 말.

72. (1) ○全　　(2) 不○　　(　　　　　)

〈보기〉	(1) 위험이 생기거나 사고가 날 염려가 없음. (2) 마음이 편하지 아니하고 조마조마함.

73. (1) 軍○　　(2) 衣○　　(　　　　　)

〈보기〉	(1) 군인의 제복. (2) 몸을 가리거나 꾸미기 위해 몸에 걸치거나 입는 물건.

한자실력급수 자격시험 5급 연습문제 <2>

※ ○안에 공통으로 들어갈 한자를 <보기>에서 찾아 쓰시오.

<보기>	話	成	平	血	共

74. ○用　○通　○感　(　　　)

75. ○和　○面　○日　(　　　)

76. ○功　○人　○長　(　　　)

※ 문장에서 잘못 쓴 한자를 바르게 고쳐 쓰시오.
(단, 음이 같은 한자로 고칠 것)

77. 그 일이 잘 마무리되어 多行이다.
(　　　→　　　)

78. 다음 한자의 夫首를 찾아보시오.
(　　　→　　　)

※ [　] 안의 단어를 한자로 쓰시오.

79. 아버지께서 새로운 [사업]을 계획하셨다.
(　　　)

80. 봄이 되자 사람들의 표정에 [활기]가 넘쳐 흘렀다.　(　　　)

81. [서당] 개 삼년이면 풍월을 읊는다.
(　　　)

82. [작년]에 산 옷을 동생에게 물려주었다.
(　　　)

83. [성급]한 판단이 일을 그르칠 수 있다.
(　　　)

※ [　] 안의 한자어 독음을 한글로 쓰시오.

84. 김치는 한국의 [傳統] 음식이다.
(　　　)

85. [陸地]에 사는 동물에 대해 알아보았다.
(　　　)

86. 그녀는 [微笑]를 지으며 손님들을 따뜻하게 맞이하였다.　(　　　)

87. 기상청은 올 여름 [降水量]이 지난해보다 증가할 것으로 예상하였다.
(　　　)

88. [輸出]이 작년에 비하여 크게 늘었다.
(　　　)

89. 시골에 계신 할아버지께 안부 [便紙]를 보내드렸다. (   )

90. 수질 [汚染]을 막기 위해 세제사용을 줄여야 한다. (   )

91. [時調]는 초장·중장·종장의 3장으로 구성되어있다. (   )

92. 그 배우는 이웃집 아저씨 [役割]이 잘 어울린다. (   )

93. [原因]을 알 수 없는 화재가 발생했다. (   )

94. [戰爭]으로 인해 많은 젊은이들이 희생되었다. (   )

95. 음악 시간에 우리나라 고유의 [樂器]인 가야금에 대해 배웠다. (   )

96. 그 회사는 [尖端] 산업을 집중적으로 지원하여 고속 성장을 하였다. (   )

97. 그녀는 [收入]의 반을 저축하고 있다. (   )

98. 민주주의 사회는 소수의 의견도 [尊重]한다. (   )

※ 한자성어의 설명을 읽고 ○ 안에 들어갈 한자를 차례대로 쓰시오.

99. ○耳東○   (,   )

[마이동풍] 말의 귀에 부는 동쪽 바람이라는 뜻으로, 남의 의견이나 충고를 귀담아 듣지 않고 흘려버리는 경우를 이르는 말.

100. 百○百○   (,   )

[백발백중] 백 번 쏘아 백 번 맞힌다는 뜻으로, 총이나 활 따위를 쏠 때마다 겨눈 곳에 다 맞음을 이르는 말.

한자실력급수 자격시험 5급 연습문제 〈3〉

객관식 (1~30번)

※ [　] 안의 한자와 음(소리)이 같은 한자는?

1. [理]　①民　②朴　③李　④半

2. [始]　①詩　②性　③在　④勇

3. [高]　①衣　②古　③巾　④肉

4. [老]　①苦　②敎　③毛　④路

5. [堂]　①當　②本　③永　④號

※ [　] 안의 한자의 뜻으로 알맞은 것은?

6. [貝]　①울다　②눈　③보다　④조개

7. [元]　①으뜸　②장군　③동산　④완전

8. [血]　①그릇　②털　③피　④눈물

※ [　] 안의 한자와 뜻이 비슷하거나 같은 한자는?

9. [體]　①強　②身　③幸　④原

10. [活]　①功　②病　③生　④校

※ [　] 안의 한자와 뜻이 반대되거나 상대되는 한자는?

11. [短]　①藥　②弱　③長　④外

12. [晝]　①夜　②昨　③靑　④多

※ 〈보기〉의 단어들과 가장 관련이 깊은 한자는?

13. 〈보기〉 사회　국어　과학
　　①京　②郡　③頭　④科

14. 〈보기〉 외투　저고리　조끼
　　①步　②服　③朝　④後

15. 〈보기〉 소방관　가수　선생님
　　①黃　②示　③業　④通

※ [　] 안의 한자어의 독음(소리)으로 알맞은 것은?

16. [工程]　①공정　②공부　③공업　④공예

17. [超過]　①초월　②초능　③초과　④초음

18. [權利]　①권세　②권리　③권문　④권력

19. [妥協]　①타당　②타율　③타결　④타협

20. [說得]　①설득　②획득　③취득　④채득

※ [   ] 안의 한자어의 뜻으로 알맞은 것은?

21. [闊葉樹]

① 일이 진척되는 과정이나 정도.
② 잎이 침엽으로 된 겉씨식물.
③ 잎이 넓은 나무의 종류.
④ 과실나무를 전문적으로 재배하는 시설.

22. [太陽系]

① 태양과 그것을 중심으로 공전하는 천체의 집합.
② 두 비의 값이 같음을 나타내는 식.
③ 그것을 포함하여, 그것보다 많거나 위임.
④ 온 세계를 둘러싸고 있는 공간.

23. [貯金]

① 사건이나 문제 따위를 잘 처리함.
② 이익을 얻을 목적으로 사업 등에 자금을 댐.
③ 둘 이상의 것에서 마음에 드는 것을 뽑음.
④ 돈을 모아둠, 또는 그 돈.

24. [汚染]

① 나라를 다스리는 일.
② 더럽게 물듦.
③ 공동생활을 하는 인간의 집단.
④ 국가나 사회의 구성원에게 두루 관계되는 것.

25. [轉學]

① 전하여 널리 퍼뜨림.
② 얽거나 짜 넣음.
③ 일정한 수나 한도 따위를 넘음.
④ 다니던 학교에서 다른 학교로 학적을 옮겨가서 배움.

※ [   ] 안에 들어갈 한자어로 알맞은 것은?

26. 그는 [   ]을 잘 지킨다.

① 統一 ② 文脈 ③ 印象 ④ 約束

27. 광복절은 우리나라의 [   ]을 기념하는 날이다.

① 獨立 ② 輸出 ③ 想像 ④ 巖石

28. 수십 명의 [   ]대원들이 목소리를 합쳐 아름다운 화음을 이루었다.

① 社會 ② 合唱 ③ 端正 ④ 基準

29. 봄이 되어 [   ]이 높아지자 새싹들이 돋아나기 시작했다.

① 季節 ② 公演 ③ 曲線 ④ 氣溫

30. [   ]은/는 군인들뿐만 아니라 선량한 시민들까지도 희생시킨다.

① 縮尺 ② 聯想 ③ 戰爭 ④ 餘暇

한자실력급수 자격시험 5급 연습문제 〈3〉

주관식 (31~100번)

※ 한자의 훈(뜻)과 음(소리)을 한글로 쓰시오.

31. 綠 (   )

32. 意 (   )

33. 題 (   )

34. 形 (   )

35. 根 (   )

36. 勝 (   )

37. 章 (   )

38. 村 (   )

39. 夏 (   )

40. 界 (   )

※ 훈과 음에 맞는 한자를 〈보기〉에서 찾아 쓰시오.

〈보기〉	孫 田 英 油 族 新 讀 竹 言 席

41. 꽃부리   영 (   )

42. 겨레   족 (   )

43. 말씀   언 (   )

44. 밭   전 (   )

45. 읽을   독 (   )

46. 자리   석 (   )

47. 손자   손 (   )

48. 새로울   신 (   )

49. 대   죽 (   )

50. 기름   유 (   )

※ 한자어의 독음을 한글로 쓰시오.

51. 同等   (   )

52. 出發   (   )

53. 無禮   (   )

54. 失神   (   )

55. 不運   (   )

56. 信用   (   )

57. 淸風   (   )

58. 親近   (   )

59. 秋夕   (   )

60. 各別   (   )

61. 重大   (   )

62. 苦樂   (   )

63. 正直   (   )

64. 開花   (   )

65. 永遠   (   )

66. 內部   (   )

67. 急死   (   )

68. 草野   (   )

69. 每番   (   )

70. 洋式   (   )

※ 〈보기〉의 뜻을 참고하여 ○안에 공통으로 들어갈 한자를 쓰시오.

71. (1) ○男   (2) ○女   (   )

〈보기〉	(1) 얼굴이 잘생긴 남자. (2) 얼굴이 아름다운 여자.

72. (1) ○音   (2) 平○   (   )

〈보기〉	(1) 높이가 다른 둘 이상의 음이 함께 울릴 때 어울리는 소리. (2) 일체의 갈등이 없이 평온함.

73. (1) 時○   (2) 會○   (   )

〈보기〉	(1) 시간을 재거나 시각을 나타내는 장치. (2) 나가고 들어오는 돈을 따져서 셈을 함.

한자실력급수 자격시험 5급 연습문제 <3>

※ ○ 안에 공통으로 들어갈 한자를 <보기>에서 찾아 쓰시오.

<보기>	草 窓 孝 友 作

74. ○品   ○者   名○   (   )

75. ○愛   ○軍   交○   (   )

76. 學○   ○口   ○門   (   )

※ 문장에서 잘못 쓴 한자를 바르게 고쳐 쓰시오. (단, 음이 같은 한자로 고칠 것)

77. 꿈을 향해 노력하는 사람은 分命 그 꿈을 이룰 것이다.   (→   )

78. 어머니가 아기에게 東話를 들려주었다.   (→   )

※ [   ] 안의 단어를 한자로 쓰시오.

79. 여행을 통해 [견문]을 넓혔다.   (   )

80. [방화]로 인한 화재가 발생하였다.   (   )

81. 아버지와 함께 [음식]을 만들었다.   (   )

82. 다음 통계를 [도표]로 나타내어 봅시다.   (   )

83. 전기 제품을 잘못 다루면 [감전]될 수도 있다.   (   )

※ [   ] 안의 한자어 독음을 한글로 쓰시오.

84. 자연재해를 극복할 수 있는 방법을 [討議]해 봅시다.   (   )

85. 도형의 [角度]를 재어 봅시다.   (   )

86. 한옥마을에서 [傳統]문화를 체험하였다.   (   )

87. 환경 미화를 위해 교실 뒤 [背景]을 산뜻하게 바꾸었다.   (   )

88. [地震]으로 절망에 빠진 이웃 나라에 보낼 구호 성금을 모금하였다.   (   )

89. 그 소설가는 자신의 젊은 시절 [經驗]을 소재로 한 새로운 작품을 썼다.
(　　　　)

90. 자원봉사자들은 힘든 일에도 밝은 [微笑]를 잃지 않았다. (　　　　)

91. [快適]한 가을 날씨가 계속되고 있다.
(　　　　)

92. 그는 또래 아이들과 [比較]해서 키가 큰 편이다. (　　　　)

93. 등장인물의 생김새를 잘 [描寫]하였다.
(　　　　)

94. 그 사람은 매사에 [消極的]이다.
(　　　　)

95. [政治]를 잘하려면 국민의 마음을 읽어야 한다. (　　　　)

96. 나는 [宇宙] 비행사가 되어 달에 꼭 가보고 싶다. (　　　　)

97. 우리는 세계정세의 변화에 유연히 [對應]할 필요가 있다. (　　　　)

98. 물을 [加熱]하면 수증기가 발생한다.
(　　　　)

※ 한자성어의 설명을 읽고 ○ 안에 들어갈 한자를 차례대로 쓰시오.

99. 白○○生　　　　(　　,　　)

[백면서생] 한갓 글만 읽고 세상일에는 전혀 경험이 없는 사람.

100. 自手○○　　　　(　　,　　)

[자수성가] 물려받은 재산이 없이 자기 혼자의 힘으로 집안을 일으키고 재산을 모음.

한자실력급수 자격시험 **5급** 연습문제 〈4〉

객관식 (1~30번)

※ [　] 안의 한자와 음(소리)이 같은 한자는?

1. [示]　① 號　② 始　③ 窓　④ 農

2. [當]　① 刀　② 祖　③ 事　④ 堂

3. [在]　① 才　② 竹　③ 寸　④ 不

4. [前]　① 身　② 消　③ 田　④ 先

5. [近]　① 根　② 路　③ 今　④ 銀

※ [　] 안의 한자의 뜻으로 알맞은 것은?

6. [直] ① 굽다　② 곧다　③ 심다　④ 휘다

7. [信] ① 고르다 ② 흐르다 ③ 기르다 ④ 믿다

8. [短] ① 길다　② 늘이다 ③ 짧다　④ 살다

※ [　] 안의 한자와 뜻이 비슷하거나 같은 한자는?

9. [遠]　① 題　② 永　③ 運　④ 言

10. [服]　① 衣　② 校　③ 正　④ 風

※ [　] 안의 한자와 뜻이 반대되거나 상대되는 한자는?

11. [有]　① 後　② 第　③ 無　④ 性

12. [苦]　① 外　② 黃　③ 界　④ 樂

※ 〈보기〉의 단어들과 가장 관련이 깊은 한자는?

13. | 〈보기〉 | 사과 | 대추 | 감 |

　① 孫　　② 果　　③ 貝　　④ 日

14. | 〈보기〉 | 아이스크림 해수욕장 무더위 |

　① 邑　　② 夏　　③ 書　　④ 林

15. | 〈보기〉 | 파리 | 동경 | 런던 |

　① 京　　② 友　　③ 勇　　④ 去

※ [　] 안의 한자어의 독음(소리)으로 알맞은 것은?

16. [超過] ① 경과 ② 간과 ③ 초과 ④ 통과

17. [基準] ① 기존 ② 기반 ③ 기초 ④ 기준

18. [微笑] ① 미소 ② 실소 ③ 냉소 ④ 담소

19. [衛星] ① 위생 ② 위대 ③ 위성 ④ 위기

20. [輸出] ① 수입 ② 수출 ③ 수송 ④ 수영

※ [　　] 안의 한자어의 뜻으로 알맞은 것은?

21. [旅行]
① 인류 사회의 변천과 흥망의 과정.
② 일이나 유람을 목적으로 다른 고장이나 외국에 가는 일.
③ 여행의 과정이나 일정.
④ 기차, 비행기, 배 따위로 여행하는 사람.

22. [時調]
① 민간에 전하여 오는 쉬운 격언이나 잠언.
② 선비의 절개와 지조.
③ 당나라 때의 시인들이 지은 시.
④ 고려 말기부터 발달하여 온 우리나라 고유의 정형시.

23. [權利]
① 권세와 이익을 이르는 말.
② 권력과 세력을 아울러 이르는 말.
③ 이익과 손해를 아울러 이르는 말.
④ 벼슬이 높고 권세가 있는 집안.

24. [季節]
① 균형이 맞게 바로잡음.
② 주기적으로 일정한 방향으로 부는 바람.
③ 자연 현상에 따라서 일 년을 구분한 것.
④ 어떤 일이나 현상이 잇따라 일어남.

25. [原因]
① 사물의 순서나 차례.
② 어떤 사물이나 상태를 변화시키거나 일으키게 하는 근본이 된 일이나 사건.
③ 기본이 되는 표준.
④ 사물의 근본이 되는 이치.

※ [　　] 안에 들어갈 한자어로 알맞은 것은?

26. [　　]에는 많은 별들이 있다.

① 太陽系　② 積極的
③ 創意的　④ 參政權

27. 친구의 좋은 의견 덕분에 어려운 문제를 쉽게 [　　]할 수 있었다.

① 以上　② 確率　③ 解決　④ 宇宙

28. 이 문장은 앞뒤 [　　]이 잘 맞지 않는다.

① 合唱　② 文脈　③ 稅金　④ 適應

29. 줄다리기는 [　　]과 단결을 필요로 하는 운동이다.

① 印象　② 自然　③ 尖端　④ 協同

30. 식물원에는 여러 [　　]의 꽃과 나무가 전시되어 있었다.

① 種類　② 說得　③ 政治　④ 討議

한자실력급수 자격시험 5급 연습문제 <4>

주관식 (31~100번)

※ 한자의 훈(뜻)과 음(소리)을 한글로 쓰시오.

31. 毛 (　　　　　)

32. 番 (　　　　　)

33. 者 (　　　　　)

34. 讀 (　　　　　)

35. 淸 (　　　　　)

36. 弱 (　　　　　)

37. 貝 (　　　　　)

38. 步 (　　　　　)

39. 半 (　　　　　)

40. 光 (　　　　　)

※ 훈과 음에 맞는 한자를 <보기>에서 찾아 쓰시오.

<보기>	省 朝 米 英 冬 郡 野 昨 秋 成

41. 겨울　　동 (　　　　　)

42. 이룰　　성 (　　　　　)

43. 들　　　야 (　　　　　)

44. 아침　　조 (　　　　　)

45. 가을　　추 (　　　　　)

46. 꽃부리　영 (　　　　　)

47. 살필　　성 (　　　　　)

48. 어제　　작 (　　　　　)

49. 쌀　　　미 (　　　　　)

50. 고을　　군 (　　　　　)

※ 한자어의 독음을 한글로 쓰시오.

51. 肉體　　(　　　　　)

52. 家業　　(　　　　　)

53. 敎習　　(　　　　　)

54. 目禮　　(　　　　　)

55. 愛犬　　(　　　　　)

56. 等式　　(　　　　　)

57. 圖章　　(　　　　　)

58. 開發　　(　　　　　)

59. 空席　　(　　　　　)

60. 問病　　(　　　　　)

61. 活用　　(　　　　　)

62. 明白　　(　　　　　)

63. 頭巾　　(　　　　　)

64. 洋藥　　(　　　　　)

65. 多幸　　(　　　　　)

66. 民族　　(　　　　　)

67. 晝間　　(　　　　　)

68. 表面　　(　　　　　)

69. 童詩　　(　　　　　)

70. 交感　　(　　　　　)

※ 〈보기〉의 뜻을 참고하여 ○안에 공통으로 들어갈 한자를 쓰시오.

71. (1) 見○　　(2) 所○　　(　　　　　)

〈보기〉	(1) 보고 들음. (2) 사람들 입에 오르내려 전하여 들리는 말.

72. (1) ○學　　(2) ○心　　(　　　　　)

〈보기〉	(1) 학교에서 학기를 마치고 한동안 수업을 쉬는 일. (2) 마음을 다잡지 아니하고 풀어 놓아 버림.

73. (1) ○下　　(2) 內○　　(　　　　　)

〈보기〉	(1) 직책상 자기보다 더 낮은 자리에 있는 사람. (2) 안쪽의 부분.

한자실력급수 자격시험 5급 연습문제 <4>

※ ○안에 공통으로 들어갈 한자를 <보기>에서 찾아 쓰시오.

<보기>	別 急 銀 對 和

74. ○行   火○   ○所   (   )

75. ○答   ○立   反○   (   )

76. 平○   ○音   ○合   (   )

※ 문장에서 잘못 쓴 한자를 바르게 고쳐 쓰시오. (단, 음이 같은 한자로 고칠 것)

77. 그녀는 失新한 뒤 병원 응급실로 실려 갔다.   (→   )

78. 고속도로에서는 제한 速道를 잘 지켜 운전해야 한다.   (→   )

※ [   ]안의 단어를 한자로 쓰시오.

79. 이 건물의 지붕은 [초록]색으로 칠해져있다.   (   )

80. 전화 한 [통화]만 쓸 수 있을까요?   (   )

81. 화살이 정확히 과녁에 [명중]하였다.   (   )

82. 그는 선생님께서 가장 아끼시는 [수제자]이다.   (   )

83. 환자의 초췌한 [형색]을 보고 마음이 아팠다.   (   )

※ [   ]안의 한자어 독음을 한글로 쓰시오.

84. 선생님께서는 항상 우리의 의견을 [尊重]해 주신다.   (   )

85. 액자가 흔들릴 정도로 강한 [地震]이 발생하였다.   (   )

86. 옛날 사람들은 대부분 농업에 종사했기 때문에 자연[環境] 변화에 많은 영향을 받았다.   (   )

87. 이 사각형의 넓이를 [計算]하시오.   (   )

88. "달이 쟁반보다 크다"는 두 사물을 [比較]한 문장이다. (   )

89. 기와집은 하늘로 날아갈 것만 같은 지붕의 처마 [曲線]이 자랑이다.
(   )

90. 딱지치기를 해 본 [經驗]을 떠올리며 글을 써 보자. (   )

91. 인터넷은 우리에게 많은 [情報]를 제공해 준다. (   )

92. 그는 회사에서 중대한 [役割]을 맡고 있다. (   )

93. 박혁거세가 신라를 [建國]하였다.
(   )

94. 우리 반 학생들은 매사에 성실하고 [勤勉]하다. (   )

95. 거미의 몸은 머리, 가슴과 배로 [區分]된다. (   )

96. 빈부 격차의 심화가 [社會]적 문제로 부각되었다. (   )

97. 그는 [餘暇]시간을 활용하여 테니스를 배우고 있다. (   )

98. 건강을 위해 아침마다 [規則]적인 운동을 하고 있다. (   )

※ 한자성어의 설명을 읽고 ○ 안에 들어갈 한자를 차례대로 쓰시오.

99. 九○一○   (,   )

[구사일생] 아홉 번 죽을 뻔 하다 한 번 살아난다는 뜻으로, 죽을 고비를 여러 차례 넘기고 겨우 살아남을 이르는 말.

100. 八○○人   (,   )

[팔방미인] 여덟 방위로 살펴보아도 아름다운 사람이라는 뜻으로 여러 방면에 능통한 사람을 이르는 말.

한자실력급수 자격시험 5급 연습문제 〈5〉

객관식 (1~30번)

※ [　] 안의 한자와 음(소리)이 같은 한자는?

1. [計]　①界 ②老 ③犬 ④活

2. [陽]　①秋 ②弱 ③羊 ④向

3. [郡]　①孫 ②弟 ③軍 ④外

4. [度]　①耳 ②刀 ③等 ④多

5. [功]　①江 ②高 ③來 ④工

※ [　] 안의 한자의 뜻으로 알맞은 것은?

6. [元] ①으뜸 ②동산 ③집 ④굳다

7. [席] ①법도 ②결혼 ③자리 ④수건

8. [綠] ①푸르다 ②누렇다 ③붉다 ④하얗다

※ [　]안의 한자와 뜻이 비슷하거나 같은 한자는?

9. [洋]　①植 ②住 ③朴 ④海

10. [業]　①和 ②事 ③無 ④第

※ [　] 안의 한자와 뜻이 반대되거나 상대되는 한자는?

11. [末]　①永 ②共 ③竹 ④始

12. [夕]　①姓 ②朝 ③番 ④歌

※ 〈보기〉의 단어들과 가장 관련이 깊은 한자는?

13. 〈보기〉 잎　뿌리　가지
　①短　②友　③樹　④首

14. 〈보기〉 우유　물　식혜
　①飮　②肉　③魚　④安

15. 〈보기〉 토끼　양　여우
　①畫　②太　③風　④毛

※ [　] 안의 한자어의 독음(소리)으로 알맞은 것은?

16. [確率] ① 능률 ② 확률 ③ 비율 ④ 효율

17. [對應] ① 대답 ② 대화 ③ 대상 ④ 대응

18. [政治] ① 정치 ② 정사 ③ 정부 ④ 정책

19. [單位] ① 왕위 ② 순위 ③ 단위 ④ 지위

20. [家庭] ① 가족 ② 가정 ③ 가솔 ④ 가택

※ [   ] 안의 한자어의 뜻으로 알맞은 것은?

21. [固有語]
① 본래부터 가지고 있는 특유한 것.
② 생산이 이루어지는 본디의 중심지.
③ 해당 언어에 본디부터 있던 말.
④ 외국에서 들어온 말로 아직 국어로 정착되지 않은 단어.

22. [端正]
① 옷차림새나 몸가짐 따위가 얌전하고 바름.
② 겉모양을 꾸밈.
③ 사람의 얼굴 모양.
④ 물체의 뾰족한 끝.

23. [面談]
① 얼굴을 서로 알 정도의 관계.
② 머릿속에 새겨 넣듯 깊이 기억됨.
③ 직접 만나 인품이나 언행을 평가하는 시험.
④ 서로 만나서 이야기함.

24. [比率]
① 어떤 사건이 일어날 가능성의 정도.
② 다른 수나 양에 대한 어떤 수나 양의 비.
③ 일정한 시간에 할 수 있는 일의 비율.
④ 견주어 봄.

25. [慣用表現]
① 어떤 일정한 범위 안에서 쓰이는 단어의 수효.
② 연구를 하는 데 참고를 한 서적이나 문서.
③ 둘 이상의 단어가 고정적으로 결합하여 새로운 의미를 만들어 낸 경우의 그 단어 구성.
④ 어려움을 뚫고 나아가 목적을 기어이 이룸.

※ [   ] 안에 들어갈 한자어로 알맞은 것은?

26. 국내 연구진이 [   ] 먼지를 제거할 수 있는 제품을 개발했다.
① 生態系   ② 極微細
③ 文化財   ④ 降水量

27. 광복을 기념하여 [   ]을/를 염원하는 다채로운 행사가 벌어졌다.
① 尊重   ② 曲線   ③ 情報   ④ 統一

28. 방송 중에 프로그램 송출의 [   ]로 방송이 중단되었다.
① 障碍   ② 背景   ③ 快適   ④ 工程

29. [   ] 여행은 실현성이 없는 이야기가 아니다.
① 妥協   ② 氣溫   ③ 戰爭   ④ 宇宙

30. 부모님께서는 [   ]보다 과정이 더 중요하다고 말씀하셨다.
① 投票   ② 結果   ③ 便紙   ④ 以上

한자실력급수 자격시험 5급 연습문제 <5>

주관식 (31~100번)

※ 한자의 훈(뜻)과 음(소리)을 한글로 쓰시오.

31. 頭 (   )

32. 速 (   )

33. 話 (   )

34. 親 (   )

35. 消 (   )

36. 利 (   )

37. 通 (   )

38. 原 (   )

39. 神 (   )

40. 交 (   )

※ 훈과 음에 맞는 한자를 <보기>에서 찾아 쓰시오.

<보기>	愛 後 運 食 勇 新 銀 題 各 會

41. 은   은   (   )

42. 날쌜   용   (   )

43. 모일   회   (   )

44. 제목   제   (   )

45. 움직일   운   (   )

46. 새로울   신   (   )

47. 사랑   애   (   )

48. 먹을   식   (   )

49. 각각   각   (   )

50. 뒤   후   (   )

※ 한자어의 독음을 한글로 쓰시오.

51. 油田　（　　　　　）

52. 林野　（　　　　　）

53. 性品　（　　　　　）

54. 車窓　（　　　　　）

55. 步行者　（　　　　　）

56. 急死　（　　　　　）

57. 靑春　（　　　　　）

58. 失手　（　　　　　）

59. 黃金　（　　　　　）

60. 別世　（　　　　　）

61. 心理　（　　　　　）

62. 空白　（　　　　　）

63. 出發　（　　　　　）

64. 開放　（　　　　　）

65. 光明　（　　　　　）

66. 口號　（　　　　　）

67. 根本　（　　　　　）

68. 綠色　（　　　　　）

69. 答禮　（　　　　　）

70. 藥草　（　　　　　）

※ 〈보기〉의 뜻을 참고하여 ○안에 공통으로 들어갈 한자를 쓰시오.

71. (1) 正○　　(2) ○線　　（　　　　）

〈보기〉	(1) 마음에 거짓이나 꾸밈이 없이 바르고 곧음. (2) 곧은 줄.

72. (1) 音○　　(2) 苦○　　（　　　　）

〈보기〉	(1) 목소리나 악기를 통하여 사상 또는 감정을 나타내는 예술. (2) 괴로움과 즐거움을 이르는 말.

73. (1) ○古　　(2) ○感　　（　　　　）

〈보기〉	(1) 매우 먼 옛날. (2) 솟아오르는 온갖 느낌.

한자실력급수 자격시험 5급 연습문제 <5>

※ ○ 안에 공통으로 들어갈 한자를 <보기>에서 찾아 쓰시오.

| <보기> | 身 | 字 | 反 | 族 | 詩 |

74. ○人　童○　漢○　(　　　)

75. 民○　親○　同○　(　　　)

76. ○體　全○　心○　(　　　)

※ 문장에서 잘못 쓴 한자를 바르게 고쳐 쓰시오.
(단, 음이 같은 한자로 고칠 것)

77. 그는 사고 堂時의 충격으로 병원에 입원하여 치료 중이다.　(　　→　　)

78. 수학 시간에 여러 가지 刀形에 대해 배웠다.　(　　→　　)

※ [　] 안의 단어를 한자로 쓰시오.

79. 연휴를 맞아 전국의 [도로]가 나들이 차량으로 가득했다.　(　　　　)

80. 제주도에는 가볼 만한 [명승지]가 아주 많습니다.　(　　　　)

81. 병원에 있는 친구를 [병문안]하고 돌아오는 길이다.　(　　　　)

82. 보내신 [서신] 잘 읽어보았습니다.　(　　　　)

83. 외국 친구에게 한국에 온 [소감]을 물었다.　(　　　　)

※ [　] 안의 한자어 독음을 한글로 쓰시오.

84. 계획을 짜서 시간을 [經濟]적으로 이용해 봅시다.　(　　　　)

85. 부끄러움이 많은 그는 매사에 [消極的]인 태도를 보였다.　(　　　　)

86. 아름다운 [地球村]을 만드는 일에는 국적을 초월한 협력이 필요하다.　(　　　　)

87. 그는 이번 학생회장 [選擧]에 출마하였다.　(　　　　)

88. 작가는 세부적인 부분까지 자세히 [描寫]하였다.　(　　　　)

89. 우리나라는 [半導體] 강국으로 빠르게 성장했다. (　　　　)

90. 선거에 대한 열기가 [加熱]되었다. (　　　　)

91. [巖石]은 화성암, 퇴적암, 변성암으로 크게 나뉜다. (　　　　)

92. 재판이 공정하게 이루어지려면 [司法府]의 독립이 보장되어야 한다. (　　　　)

93. 새들이 하늘을 [自由]롭게 날아다니고 있다. (　　　　)

94. 이 학급의 중간고사 성적은 편차가 적은 고른 [分布]를 보이고 있다. (　　　　)

95. 무한 경쟁 시대에는 [創意的]인 사고가 필수적이다. (　　　　)

96. 이 자동차에는 [尖端] 기기들이 내장되어 있다. (　　　　)

97. 유망 업종에 활발한 [投資]가 이루어졌다. (　　　　)

98. [比例式]에서 내항의 곱은 외항의 곱과 같다. (　　　　)

※ 한자성어의 설명을 읽고 ○ 안에 들어갈 한자를 차례대로 쓰시오.

99. ○○生心 (　　　,　　　)

[견물생심] 물건을 보게 되면 가지고 싶은 욕심이 생김.

100. 人○○天 (　　　,　　　)

[인명재천] 사람의 목숨은 하늘에 달려 있다는 뜻으로, 목숨의 길고 짧음은 사람의 힘으로 어쩔 수 없음을 이르는 말.

기출문제 1회

한자자격시험

※ 정답은 별도 배부한 OCR답안지에 작성함

급 수	5급		
문항수	100	객관식	30
		주관식	70
시험시간	60분		

성 명

수험번호

수험생 유의사항

1. 수험표에 표기된 응시급수와 문제지의 급수가 같은지 확인하시오.
2. 답안지에 성명, 수험번호, 생년월일을 정확하게 표기하시오.
3. 답안지의 주·객관식 답안란에는 검정색펜을 사용하시오.
4. 답안지의 객관식 답안의 수정은 수정테이프 만을 사용하시오.
5. 답안지의 주관식 답안의 수정은 두 줄로 긋고 다시 작성하시오.
6. 수험생의 잘못으로 인해 답안지에 이물질이 묻거나, 객관식 답안에 복수로 표기할 경우 오답으로 처리되니 주의하시오.
7. 감독관의 지시가 있을 때까지 문제를 풀지 마시오.
8. 시험 종료 후에는 필기도구를 내려놓고 감독관의 지시를 따르시오.

한자실력급수 자격시험 5급 기출문제 〈1〉

객관식 (1~30번)

※ [   ] 안의 한자와 음(소리)이 같은 한자는?
1. [利] ① 朴 ② 重 ③ 李 ④ 章
2. [刀] ① 度 ② 短 ③ 田 ④ 洋
3. [題] ① 理 ② 別 ③ 春 ④ 第
4. [高] ① 童 ② 苦 ③ 京 ④ 速
5. [性] ① 成 ② 和 ③ 表 ④ 書

※ [   ] 안의 한자의 뜻으로 알맞은 것은?
6. [樹] ① 학교 ② 마을 ③ 오얏 ④ 나무
7. [意] ① 쪽 ② 뜻 ③ 쑥 ④ 꿈
8. [油] ① 바다 ② 살다 ③ 기름 ④ 맑다

※ [   ] 안의 한자와 뜻이 비슷하거나 같은 한자는?
9. [品] ① 物 ② 急 ③ 孫 ④ 冬
10. [堂] ① 才 ② 秋 ③ 信 ④ 室

※ [   ] 안의 한자와 뜻이 반대되거나 상대되는 한자는?
11. [後] ① 服 ② 花 ③ 前 ④ 竹
12. [死] ① 飮 ② 生 ③ 部 ④ 直

※ 〈보기〉의 단어들과 가장 관련이 깊은 한자는?
13. 〈보기〉 동물 사냥 썰매
    ① 犬 ② 番 ③ 話 ④ 消
14. 〈보기〉 찜닭 삼겹살 스테이크
    ① 近 ② 畫 ③ 銀 ④ 肉
15. 〈보기〉 달 태양 형광등
    ① 運 ② 勝 ③ 明 ④ 弱

※ [   ] 안의 한자어의 독음(소리)으로 알맞은 것은?
16. [原因] ① 원대 ② 원인 ③ 천인 ④ 천대
17. [根據] ① 근거 ② 한거 ③ 목거 ④ 안거
18. [團體] ① 차체 ② 전체 ③ 사체 ④ 단체
19. [約束] ① 약속 ② 약동 ③ 균속 ④ 균동
20. [超過] ① 도와 ② 소화 ③ 초과 ④ 고좌

※ [   ] 안의 한자어의 뜻으로 알맞은 것은?
21. [規則]
   ① 인간 사회가 거쳐 온 변천의 모습.
   ② 공정하지 못하고 한 쪽으로 치우친 생각.
   ③ 국가나 단체에 속해 있는 사람의 행위나 절차 등을 기준으로 정해 놓은 법.
   ④ 나누어진 것들을 합쳐서 하나의 조직·체계 아래로 모이게 함.
22. [環境]
   ① 어떤 원인으로 인해 이루어진 결말.
   ② 돈이나 물품 따위를 거두어들임. 또는 그 돈이나 물품.
   ③ 자신의 언행에 대하여 잘못이나 부족함이 없는지 돌이켜 봄.
   ④ 생활체를 둘러싸고 직접·간접으로 영향을 주는 자연 또는 사회의 조건이나 형편.
23. [氣溫]
   ① 대기의 온도.
   ② 어느 기준보다 위.
   ③ 무엇을 하기 위한 재료.
   ④ 특별한 일이 없는 보통 때.
24. [快適]
   ① 이야깃거리.
   ② 더럽게 물듦.
   ③ 몸과 마음에 알맞아 기분이 썩 좋음.
   ④ 상대편에게 전하고 싶은 일 등을 적어 보내는 글.
25. [俗談]
   ① 해답을 요구하는 물음.
   ② 한 가족이 생활하는 집.
   ③ 상대방의 의견을 옳다고 인정함.
   ④ 옛날부터 민간에 전해 내려오면서 교훈이나 풍자적인 내용을 표현한 짧은 말.

※ [   ] 안에 들어갈 한자어로 알맞은 것은?
26. 오늘날의 성공은 평소 꾸준히 노력한 [   ]이었다.
    ① 餘暇 ② 結果 ③ 微笑 ④ 投資
27. 푸른 바다를 [   ] 삼아 사진을 찍었다.
    ① 時調 ② 情報 ③ 背景 ④ 選擧
28. 그녀는 매달 [   ]의 일부를 기부하였다.
    ① 收入 ② 宇宙 ③ 比較 ④ 恭敬

29. 오늘 비가 내릴 [　　]이 높다.
　　① 傳統　② 輸出　③ 加熱　④ 確率
30. 책을 읽는 것은 간접 [　　]을 풍부하게 해 준다.
　　① 計算　② 經驗　③ 建國　④ 家庭

주관식 (31~100번)

※ 한자의 훈(뜻)과 음(소리)을 한글로 쓰시오.

31. 式 (　　　　)
32. 步 (　　　　)
33. 貝 (　　　　)
34. 英 (　　　　)
35. 席 (　　　　)
36. 始 (　　　　)
37. 放 (　　　　)
38. 郡 (　　　　)
39. 讀 (　　　　)
40. 圖 (　　　　)

※ 훈과 음에 맞는 한자를 〈보기〉에서 찾아 쓰시오

〈보기〉	示 在 米 各 魚 習 命 昨 神 病

41. 각각　각 (　　　　)
42. 물고기　어 (　　　　)
43. 병　　병 (　　　　)
44. 귀신　신 (　　　　)
45. 쌀　　미 (　　　　)
46. 목숨　명 (　　　　)
47. 익힐　습 (　　　　)
48. 보일　시 (　　　　)
49. 어제　작 (　　　　)
50. 있을　재 (　　　　)

※ 한자어의 독음을 한글로 쓰시오.

51. 藥水 (　　　　)
52. 去年 (　　　　)
53. 開門 (　　　　)
54. 平等 (　　　　)
55. 路線 (　　　　)
56. 遠大 (　　　　)
57. 功名 (　　　　)
58. 共感 (　　　　)
59. 母親 (　　　　)
60. 黃土 (　　　　)
61. 學業 (　　　　)
62. 失手 (　　　　)
63. 血族 (　　　　)
64. 野合 (　　　　)
65. 勇士 (　　　　)
66. 同窓 (　　　　)
67. 發足 (　　　　)
68. 美男 (　　　　)
69. 對答 (　　　　)
70. 夜間 (　　　　)

※ 〈보기〉의 뜻을 참고하여 ○안에 공통으로 들어갈 한자를 쓰시오.

71. (1) 當○　(2) ○長　　(　　　)

〈보기〉	(1) 듣는 이를 가리키는 이인칭 대명사. (2) 키.

72. (1) 活○　(2) ○語　　(　　　)

〈보기〉	(1) 충분히 잘 이용함. (2) 일정한 분야에서 주로 사용하는 말.

73. (1) 地○　(2) ○便　　(　　　)

〈보기〉	(1) 땅의 생긴 모양이나 형세. (2) 일이 되어 가는 상태나 경로 또는 결과.

※ ○ 안에 공통으로 들어갈 한자를 〈보기〉에서 찾아 쓰시오.

〈보기〉	永　交　首　夏　聞

74. 元○　自○　○弟子　(　　　)
75. ○通　外○　○友　　(　　　)
76. 見○　風○　新○　　(　　　)

※ 문장에서 잘못 쓴 한자를 바르게 고쳐 쓰시오.
(단, 음이 같은 한자로 고칠 것)

77. 친구와 사소한 일로 다투고 상처 준 것에 대해 半省했다. (→)

78. 목적지까지 무사히 도착해서 정말 多行이다. (→)

※ [ ]안의 단어를 한자로 쓰시오.

79. 인적이 드문 [산촌]에 산새 소리가 울려 퍼졌다. ( )

80. [세계] 지도를 펴고 각 나라의 수도를 찾아보았다. ( )

81. [양모] 이불을 덮으니 포근했다. ( )

82. 'ㄱ, ㄴ, ㄷ, ㄹ … ' 등의 [자음]은 모음과는 달리 혀나 입술이 입 안의 여기저기에 닿아서 나는 소리이므로 '닿소리'라고도 한다. ( )

83. 오늘 시험 볼 [과목]은 한자와 한자어이다. ( )

※ [ ]안의 한자어 독음을 한글로 쓰시오.

84. 이 기계는 [尖端] 기술로 만들어졌다. ( )

85. 이 지도의 [縮尺]은 1:50,000 이다. ( )

86. 사람과 사람이 만날 때는 첫 [印象]이 중요하다. ( )

87. 이번 연극에서 장군의 [役割]을 맡았다. ( )

88. 새 학기부터 꾸준히 공부하여 기대 [以上]의 성적을 받았다. ( )

89. 나보다 남을 더 배려하고 챙기는 [社會]로 만들어 가야 한다. ( )

90. 국민들이 낸 [稅金]으로 국가가 운영된다. ( )

91. 공공장소에서는 [秩序]를 잘 지켜야 한다. ( )

92. 그동안 모아둔 동전들을 색깔별로 [分類]해 보았다. ( )

93. 자격시험 관리 [基準]을 강화하였다. ( )

94. 제조 [工程]에서 발생하는 불량품의 비율을 크게 줄이는데 성공했다. ( )

95. 저 구름을 보니 솜사탕이 [聯想]된다. ( )

96. 있는 그대로의 자기를 [肯定]하고 받아들이는 자세가 필요하다. ( )

97. [太陽系]에는 많은 행성들이 공존하고 있다. ( )

98. 외국인 [觀光客]이 우리나라 곳곳을 여행하는 이야기가 방송되었다. ( )

※ 한자성어의 설명을 읽고 ○ 안에 들어갈 한자를 쓰시오.

99. ○心三日 ( )

[작심삼일] 지어먹은 마음이 사흘을 넘기지 못한다는 뜻으로, 결심이나 계획이 굳지 못해 오래가지 못하고 흐지부지됨을 이름.

100. 有口無○ ( )

[유구무언] 입은 있으나 할 말이 없다는 뜻으로, 달리 변명할 말이 없음을 이름.

- 수고하셨습니다 -

기출문제 2회

한자자격시험

※ 정답은 별도 배부한 OCR답안지에 작성함

급 수	5급		
문항수	100	객관식	30
		주관식	70
시험시간	60분		

성 명	
수 험 번 호	- - -

수험생 유의사항

1. 수험표에 표기된 응시급수와 문제지의 급수가 같은지 확인하시오.
2. 답안지에 **성명, 수험번호, 생년월일을** 정확하게 **표기**하시오.
3. 답안지의 주·객관식 답안란에는 검정색펜을 사용하시오.
4. 답안지의 **객관식 답안의 수정은 수정테이프** 만을 사용하시오.
5. 답안지의 주관식 답안의 수정은 두 줄로 긋고 다시 작성하시오.
6. 수험생의 잘못으로 인해 **답안지에 이물질이 묻거나, 객관식 답안에 복수로 표기할 경우 오답으로 처리**되니 주의하시오.
7. 감독관의 지시가 있을 때까지 문제를 풀지 마시오.
8. 시험 종료 후에는 필기도구를 내려놓고 감독관의 지시를 따르시오.

한자실력급수 자격시험 5급 기출문제 <2>

객관식 (1~30번)

※ [　] 안의 한자와 음(소리)이 같은 한자는?
1. [科] ①部 ②首 ③果 ④族
2. [計] ①窓 ②急 ③朴 ④界
3. [冬] ①童 ②等 ③省 ④元
4. [反] ①夏 ②話 ③半 ④登
5. [詩] ①場 ②示 ③老 ④功

※ [　] 안의 한자의 뜻으로 알맞은 것은?
6. [書] ①법 ②밤 ③낮 ④책
7. [見] ①듣다 ②보다 ③맡다 ④먹다
8. [堂] ①집 ②바다 ③하늘 ④땅

※ [　] 안의 한자와 뜻이 비슷하거나 같은 한자는?
9. [文] ①根 ②對 ③頭 ④章
10. [道] ①路 ②聞 ③親 ④失

※ [　] 안의 한자와 뜻이 반대되거나 상대되는 한자는?
11. [遠] ①禮 ②近 ③野 ④陽
12. [苦] ①言 ②銀 ③樂 ④者

※ <보기>의 단어들과 가장 관련이 깊은 한자는?

13. <보기> 장미　봉숭아　해바라기
    ①花 ②體 ③新 ④和
14. <보기> 새싹　모내기　황사
    ①朝 ②形 ③春 ④會
15. <보기> 물　우유　수정과
    ①後 ②歌 ③黃 ④飮

※ [　] 안의 한자어의 독음(소리)으로 알맞은 것은?
16. [選擧] ①선거 ②선택 ③손거 ④손택
17. [輸出] ①수송 ②운송 ③수출 ④운출
18. [曲線] ①차선 ②곡선 ③직선 ④유선
19. [自由] ①자주 ②자립 ③자연 ④자유
20. [轉學] ①퇴학 ②휴학 ③전학 ④진학

※ [　] 안의 한자어의 뜻으로 알맞은 것은?
21. [餘韻]
    ① 어떤 원인으로 인해 이루어진 결말.
    ② 한 가족이 생활하는 집.
    ③ 해답을 요구하는 물음.
    ④ 아직 가시지 않고 남아 있는 운치.
22. [恭敬]
    ① 몸과 마음에 알맞아 기분이 썩 좋음.
    ② 상대방의 의견을 옳다고 인정함.
    ③ 남을 대할 때 몸가짐을 공손히 하고 존경함.
    ④ 더럽게 물듦.
23. [描寫]
    ① 사물을 있는 그대로 그려 냄.
    ② 여러 사람이 소리를 맞추어 노래함.
    ③ 소리를 내지 않고 빙긋이 웃는 웃음.
    ④ 소중하게 여김.
24. [勤勉]
    ① 어떠한 상황이나 조건에 잘 어울림.
    ② 부지런히 일하며 힘씀.
    ③ 인간 사회가 거쳐 온 변천의 모습.
    ④ 일정 기간 다른 고장이나 다른 나라에 가는 일.
25. [協同]
    ① 새로 나라를 세움.
    ② 돈을 모아 둠.
    ③ 이익을 목적으로 사업 등에 자금을 댐.
    ④ 서로 마음과 힘을 하나로 합함.

※ [　] 안에 들어갈 한자어로 알맞은 것은?
26. 신제품의 홍보를 위해 다양한 방식의 [　]가 진행되었다.
    ①廣告 ②團體 ③超過 ④微笑
27. 다 자란 닭은 볏을 통해 암컷과 수컷을 쉽게 [　]할 수 있다.
    ①對應 ②面談 ③約束 ④區分
28. [　]이 끝난 뒤에 배우들과 함께 사진을 찍었다.
    ①基準 ②經驗 ③公演 ④規則

29. 주몽 신화는 곧 고구려의 [　]신화이다.
    ① 氣溫　② 建國　③ 背景　④ 社會
30. 봄은 꽃이 피고 나들이 가기 좋은 [　]이다.
    ① 稅金　② 印象　③ 縮尺　④ 季節

주관식 (31~100번)

※ 한자의 훈(뜻)과 음(소리)을 한글로 쓰시오.

31. 音 (　　　　)
32. 死 (　　　　)
33. 去 (　　　　)
34. 別 (　　　　)
35. 消 (　　　　)
36. 服 (　　　　)
37. 愛 (　　　　)
38. 無 (　　　　)
39. 永 (　　　　)
40. 美 (　　　　)

※ 훈과 음에 맞는 한자를 〈보기〉에서 찾아 쓰시오

〈보기〉	多 村 淸 竹 刀 才 田 開 理 直

41. 열   개 (　　　　)
42. 칼   도 (　　　　)
43. 곧을 직 (　　　　)
44. 다스릴 리 (　　　　)
45. 맑을 청 (　　　　)
46. 밭   전 (　　　　)
47. 재주 재 (　　　　)
48. 많을 다 (　　　　)
49. 대   죽 (　　　　)
50. 마을 촌 (　　　　)

※ 한자어의 독음을 한글로 쓰시오.

51. 勇力 (　　　　)
52. 意表 (　　　　)
53. 當世 (　　　　)
54. 速讀 (　　　　)
55. 原油 (　　　　)
56. 名勝 (　　　　)
57. 作家 (　　　　)
58. 新聞 (　　　　)
59. 魚肉 (　　　　)
60. 洋藥 (　　　　)
61. 通信 (　　　　)
62. 上京 (　　　　)
63. 白米 (　　　　)
64. 交友 (　　　　)
65. 短身 (　　　　)
66. 發明 (　　　　)
67. 幸運 (　　　　)
68. 育成 (　　　　)
69. 放心 (　　　　)
70. 孫子 (　　　　)

※ 〈보기〉의 뜻을 참고하여 ○안에 공통으로 들어갈 한자를 쓰시오.

71. (1) 勝○　(2) ○用　(　　　)

〈보기〉	(1) 겨루어서 이김. (2) 쓸모 있게 씀.

72. (1) 食○　(2) ○性　(　　　)

〈보기〉	(1) 사람이 일상적으로 섭취하는 음식물. (2) 품격과 성질.

73. (1) 秋○　(2) ○速　(　　　)

〈보기〉	(1) 가을 바람. (2) 바람의 빠르기.

※ ○안에 공통으로 들어갈 한자를 〈보기〉에서 찾아 쓰시오.

〈보기〉	樹　共　夜　農　番

74. 晝○　○光　○間　(　　　)
75. ○同　○生　○感　(　　　)
76. ○號　當○　○外　(　　　)

※ 문장에서 잘못 쓴 한자를 바르게 고쳐 쓰시오. (단, 음이 같은 한자로 고칠 것)

77. 선생님께서 出夕을 부르셨다.
(→)

78. 이 책은 第目이 마음에 든다.
(→)

※ [ ] 안의 단어를 한자로 쓰시오.

79. 정부에서 새로운 정책 [사업]을 시행하였다. ( )

80. 새벽부터 시장에는 [활기]가 넘쳤다.
( )

81. 그는 건강을 회복하면서 [혈색]이 좋아졌다. ( )

82. 친구에게 [중대]한 문제가 생겼다.
( )

83. 이 옷은 [작년]에 산 것이다.
( )

※ [ ] 안의 한자어 독음을 한글로 쓰시오.

84. 고기류는 가급적 [加熱]하여 익혀 먹는 것이 좋다. ( )

85. 수질 [汚染]을 막기 위해 합성 세제의 사용을 줄이는 것이 좋다. ( )

86. 우리는 많은 토의를 거쳐 이 문제를 [解決]하였다. ( )

87. 인터넷을 통해 다양한 [情報]를 접할 수 있다. ( )

88. [餘暇] 시간을 활용해서 서예를 배우고 있다. ( )

89. 바다와 [陸地]에는 많은 생명들이 살아가고 있다. ( )

90. 통신기지국에서 화재가 발생하여 한동안 통신 [障碍]가 발생하였다. ( )

91. 시원한 바다로 떠나는 [想像]만으로도 행복하다. ( )

92. 이 보석은 보는 [角度]에 따라 색깔이 달리 보인다. ( )

93. 선생님께 감사하는 마음을 담아 [便紙]를 써서 드렸다. ( )

94. 화창한 봄날에 가족들과 함께 [旅行]을 갔다. ( )

95. 글씨는 [端正]하게 써야한다.
( )

96. 오늘 수학시간에 [分數]와 소수를 배웠다. ( )

97. 경주에는 신라 시대의 [文化財]가 많이 남아 있다. ( )

98. 올해 봄은 [降水量]이 적고 가물었다.
( )

※ 한자성어의 설명을 읽고 ○ 안에 들어갈 한자를 쓰시오.

99. 九 牛 一 ○ ( )

[구우일모] '아홉 마리의 소 가운데 박힌 하나의 털'이란 뜻으로, 매우 많은 것 가운데 극히 적은 수를 이름.

100. ○ 古 江 山 ( )

[만고강산] 아주 오랜 세월 동안 변함이 없는 산천.

- 수고하셨습니다 -

기출문제 3회

한자자격시험

※ 정답은 별도 배부한 OCR답안지에 작성함

급 수	5급		
문 항 수	100	객관식	30
		주관식	70
시험시간	60분		

성 명	
수 험 번 호	

수험생 유의사항

1. 수험표에 표기된 응시급수와 문제지의 급수가 같은지 확인하시오.
2. 답안지에 **성명, 수험번호, 생년월일을 정확하게 표기**하시오.
3. 답안지의 주·객관식 답안란에는 검정색펜을 사용하시오.
4. 답안지의 **객관식 답안의 수정은 수정테이프** 만을 사용하시오.
5. 답안지의 주관식 답안의 수정은 두 줄로 긋고 다시 작성하시오.
6. 수험생의 잘못으로 인해 **답안지에 이물질이 묻거나, 객관식 답안에 복수로 표기할 경우 오답으로 처리**되니 주의하시오.
7. 감독관의 지시가 있을 때까지 문제를 풀지 마시오.
8. 시험 종료 후에는 필기도구를 내려놓고 감독관의 지시를 따르시오.

한자실력급수 자격시험 5급 기출문제 <3>

객관식 (1~30번)

※ [   ] 안의 한자와 음(소리)이 같은 한자는?
1. [野] ① 步 ② 英 ③ 夜 ④ 新
2. [功] ① 銀 ② 空 ③ 計 ④ 淸
3. [路] ① 幸 ② 遠 ③ 永 ④ 老
4. [友] ① 右 ② 運 ③ 李 ④ 成
5. [田] ① 開 ② 全 ③ 各 ④ 堂

※ [   ] 안의 한자의 뜻으로 알맞은 것은?
6. [京] ① 오얏 ② 머리 ③ 손자 ④ 서울
7. [米] ① 콩 ② 쌀 ③ 밀 ④ 쑥
8. [身] ① 몸 ② 귀 ③ 등 ④ 코

※ [   ] 안의 한자와 뜻이 비슷하거나 같은 한자는?
9. [服] ① 無 ② 窓 ③ 衣 ④ 有
10. [樹] ① 木 ② 性 ③ 病 ④ 業

※ [   ] 안의 한자와 뜻이 반대되거나 상대되는 한자는?
11. [死] ① 竹 ② 生 ③ 理 ④ 郡
12. [始] ① 號 ② 才 ③ 科 ④ 末

※ <보기>의 단어들과 가장 관련이 깊은 한자는?
13. <보기> 갈치 연어 고등어
    ① 魚 ② 犬 ③ 孫 ④ 勇
14. <보기> 피서 수박 무더위
    ① 春 ② 夏 ③ 秋 ④ 冬
15. <보기> 수필 소설 설명문
    ① 去 ② 貝 ③ 章 ④ 肉

※ [   ] 안의 한자어의 독음(소리)으로 알맞은 것은?
16. [稅金] ① 예금 ② 세금 ③ 적금 ④ 연금
17. [公共] ① 공공 ② 팔십 ③ 분홍 ④ 생산
18. [巖石] ① 광석 ② 반석 ③ 암석 ④ 화석
19. [單位] ① 단위 ② 수립 ③ 전산 ④ 구성
20. [秩序] ① 전모 ② 실수 ③ 일자 ④ 질서

※ [   ] 안의 한자어의 뜻으로 알맞은 것은?
21. [原因]
① 온 세계를 둘러싸고 있는 공간.
② 머릿속으로 그려서 생각함.
③ 사물의 말미암은 까닭.
④ 열을 더하거나 열이 더 세게 나도록 함.
22. [選擇]
① 한 해를 날씨에 따라 나눈 그 한 철.
② 실제로 보고 듣고 겪은 일.
③ 같은 목적으로 모인 두 사람 이상의 모임.
④ 둘 이상의 것에서 마음에 드는 것을 골라 뽑음.
23. [地震]
① 식을 연산하여 수치를 구해 내는 일.
② 땅이 흔들리며 움직이는 현상.
③ 일정한 수나 한도를 넘음.
④ 인간 사회가 거쳐 온 변천의 모습.
24. [政治]
① 나라를 다스리는 일.
② 기준이 되는 표준.
③ 어떤 일이 일어날 확실성의 정도.
④ 전기가 통하는 물질.
25. [分類]
① 새로운 생각이나 의견.
② 사물을 공통되는 성질에 따라 종류별로 가름.
③ 마음에 깊이 새겨져 잊히지 않는 자취.
④ 어떤 의견이나 논리 따위의 이유 또는 바탕.

※ [   ] 안에 들어갈 한자어로 알맞은 것은?
26. 날렵한 전투기를 보니 제비가 [   ]된다.
    ① 便紙 ② 傳統 ③ 歷史 ④ 聯想
27. [   ] 산업 인력이 곧 국가의 경쟁력이다.
    ① 約束 ② 規則 ③ 尖端 ④ 役割
28. 시민 [   ]은/는 사회를 위하여 여러 가지 활동을 한다.
    ① 團體 ② 印象 ③ 衛星 ④ 根據
29. 효과적인 문제 해결 방법에 대해 [   ] 하였다.
    ① 收入 ② 討議 ③ 輸出 ④ 汚染
30. 생산이 수요 증가를 따라가지 못하자 설비 [   ]에 나섰다.
    ① 縮尺 ② 障碍 ③ 餘暇 ④ 投資

주관식 (31~100번)

※ 한자의 훈(뜻)과 음(소리)을 한글로 쓰시오.

31. 苦 (　　　　　)
32. 太 (　　　　　)
33. 速 (　　　　　)
34. 活 (　　　　　)
35. 習 (　　　　　)
36. 元 (　　　　　)
37. 血 (　　　　　)
38. 昨 (　　　　　)
39. 朴 (　　　　　)
40. 晝 (　　　　　)

※ 훈과 음에 맞는 한자를 〈보기〉에서 찾아 쓰시오.

〈보기〉	光 交 言 牛 用 毛 信 油 洋 聞

41. 믿을　신 (　　　　　)
42. 큰바다　양 (　　　　　)
43. 들을　문 (　　　　　)
44. 기름　유 (　　　　　)
45. 털　모 (　　　　　)
46. 절반　반 (　　　　　)
47. 사귈　교 (　　　　　)
48. 쓸　용 (　　　　　)
49. 빛　광 (　　　　　)
50. 말씀　언 (　　　　　)

※ 한자어의 독음을 한글로 쓰시오.

51. 對面 (　　　　　)
52. 近代 (　　　　　)
53. 消失 (　　　　　)
54. 勝利 (　　　　　)
55. 反省 (　　　　　)
56. 飮食 (　　　　　)
57. 和答 (　　　　　)
58. 家族 (　　　　　)
59. 首席 (　　　　　)
60. 漢陽 (　　　　　)
61. 目禮 (　　　　　)
62. 正品 (　　　　　)
63. 黃金 (　　　　　)
64. 便安 (　　　　　)
65. 風向 (　　　　　)
66. 靑綠 (　　　　　)
67. 親愛 (　　　　　)
68. 弱者 (　　　　　)
69. 明示 (　　　　　)
70. 短刀 (　　　　　)

※ 〈보기〉의 뜻을 참고하여 ○안에 공통으로 들어갈 한자를 쓰시오.

71. (1) 直○　　(2) 車○　　(　　　　　)

〈보기〉	(1) 곧은 줄. (2) 자동차 도로에 일정한 간격으로 그어 놓은 선.

72. (1) 形○　　(2) ○場　　(　　　　　)

〈보기〉	(1) 겉 모양. (2) 식을 거행하는 곳.

72. (1) ○時　　(2) ○番　　(　　　　　)

〈보기〉	(1) 일이 생긴 그때. (2) 차례가 되어 어떤 일을 맡음.

※ ○안에 공통으로 들어갈 한자를 〈보기〉에서 찾아 쓰시오.

〈보기〉	見　發　童　部　讀

74. ○電　○表　○作　　(　　　　　)
75. ○下　外○　○門　　(　　　　　)
76. 多○　○音　○後感　(　　　　　)

※ 문장에서 잘못 쓴 한자를 바르게 고쳐 쓰시오.
(단, 음이 같은 한자로 고칠 것)

77. 삼촌은 農寸에서 농사를 짓고 계신다.
(　　→　　)

78. 급격한 출산율 감소가 사회 問第(으)로 대두되고 있다. (　　→　　)

※ [　] 안의 단어를 한자로 쓰시오.

79. [방학] 기간 동안 친구들과 다양한 봉사활동을 했다. (　　)

80. 추천 [도서] 목록에 있는 책들을 매주 한 권씩 읽기로 했다. (　　)

81. 할머니께 전화 [통화]로 안부를 여쭈었다.
(　　)

82. 자유와 [평등]은 누구나 누려야 할 권리이다.
(　　)

83. 화살이 과녁에 정확히 [명중]했다.
(　　)

※ [　] 안의 한자어 독음을 한글로 쓰시오.

84. [標準語] 규범은 시대와 상황에 따라 변화될 수 있다. (　　)

85. 서로가 조금씩 양보하여 [妥協]할 수 있었다.
(　　)

86. 이 지역의 [環境] 오염을 해결하기 위한 대책 마련이 시급하다. (　　)

87. 두 상품의 장단점을 [比較]해 보았다.
(　　)

88. 이 구절은 [文脈]에 맞지 않아 수정이 필요하다. (　　)

89. [氣溫]의 일교차가 큰 환절기에는 감기를 조심해야 한다. (　　)

90. 선생님께 학습 [態度]이/가 바르다고 칭찬을 받았다. (　　)

91. 곤충들은 본능적으로 계절 변화에 [適應]한다. (　　)

92. 그녀는 어려운 상황에서도 [微笑]을/를 잃지 않았다. (　　)

93. 가까운 친구일수록 서로 [尊重]해야 한다.
(　　)

94. [創意的] 사고를 통해 문제 해결 능력을 키울 수 있다. (　　)

95. 경찰은 이번 사고의 원인 분석 [結果]을/를 발표했다. (　　)

96. 을사늑약 이후 일본은 조선에 대한 [經濟] 침탈을 본격적으로 진행했다.
(　　)

97. 이 책을 온전히 이해하기 위해서는 [背景] 지식이 다소 필요하다. (　　)

98. 창업 [博覽會]이/가 3일간 진행될 예정이다.
(　　)

※ 한자성어의 설명을 읽고 ○ 안에 들어갈 한자를 쓰시오.

99. ○朝月夕　　　　　　　　(　　)

[화조월석] '꽃이 피는 아침과 달이 뜨는 저녁'이라는 뜻으로, 경치가 좋은 시절을 이르는 말.

100. 八方○人　　　　　　　　(　　)

[팔방미인] '어느 모로 보아도 아름다운 사람'이라는 뜻으로, 여러 방면에 능통한 사람을 이르는 말.

- 수고하셨습니다 -

모범 답안

연습문제<1> 답안

[객관식]

1	②	6	②	11	③	16	③	21	③	26	④
2	④	7	④	12	①	17	④	22	①	27	②
3	①	8	①	13	①	18	③	23	③	28	③
4	②	9	④	14	①	19	③	24	④	29	③
5	③	10	③	15	④	20	①	25	④	30	④

[주관식]

31	다를 별	55	성급	79	感氣
32	이름 호	56	육성	80	窓門
33	통할 통	57	수은	81	休日
34	모양 형	58	혈육	82	第一
35	지을 작	59	두목	83	名言
36	번개 전	60	도표	84	계산
37	대 죽	61	학습	85	약속
38	병 병	62	조부	86	분수
39	낮 오	63	미음	87	역할
40	옷 복	64	야외	88	정보
41	孝	65	속력	89	배경
42	開	66	직립	90	여행
43	者	67	민족	91	문화재
44	昨	68	원수	92	초과
45	命	69	당번	93	가열
46	油	70	거래	94	이상
47	刀	71	强	95	질서
48	示	72	利	96	표준어
49	京	73	詩	97	생태계
50	話	74	明	98	암석
51	품위	75	歌	99	九, 毛
52	방심	76	風	100	前, 後
53	영재	77	夕→席		
54	독서	78	羊→洋		

연습문제<2> 답안

[객관식]

1	③	6	①	11	④	16	③	21	③	26	②
2	①	7	③	12	①	17	②	22	①	27	④
3	④	8	①	13	②	18	④	23	④	28	①
4	②	9	②	14	④	19	①	24	②	29	③
5	④	10	④	15	①	20	③	25	④	30	②

[주관식]

31	털 모	55	번호	79	事業
32	길 영	56	독음	80	活氣
33	걸음 보	57	반성	81	書堂
34	사랑 애	58	청록	82	昨年
35	각각 각	59	의도	83	性急
36	처음 시	60	전후	84	전통
37	절반 반	61	소화	85	육지
38	맑을 청	62	표시	86	미소
39	죽을 사	63	황색	87	강수량
40	날쌜 용	64	약자	88	수출
41	理	65	무례	89	편지
42	才	66	야간	90	오염
43	習	67	석유	91	시조
44	根	68	노선	92	역할
45	朴	69	교통	93	원인
46	貝	70	대화	94	전쟁
47	夏	71	食	95	악기
48	春	72	安	96	첨단
49	苦	73	服	97	수입
50	犬	74	共	98	존중
51	문답	75	平	99	馬, 風
52	부족	76	成	100	發, 中
53	노소	77	行→幸		
54	고속	78	夫→部		

모범 답안

연습문제<3> 답안

[객관식]

1	③	6	④	11	③	16	①	21	③	26	④
2	①	7	①	12	①	17	③	22	①	27	①
3	②	8	③	13	④	18	②	23	④	28	②
4	④	9	②	14	②	19	④	24	②	29	④
5	①	10	③	15	③	20	①	25	④	30	③

[주관식]

번호	답	번호	답	번호	답
31	푸를 록	55	불운	79	見聞
32	뜻 의	56	신용	80	放火
33	제목 제	57	청풍	81	飮食
34	모양 형	58	친근	82	圖表
35	뿌리 근	59	추석	83	感電
36	이길 승	60	각별	84	토의
37	글 장	61	중대	85	각도
38	마을 촌	62	고락	86	전통
39	여름 하	63	정직	87	배경
40	지경 계	64	개화	88	지진
41	英	65	영원	89	경험
42	族	66	내부	90	미소
43	言	67	급사	91	쾌적
44	田	68	초야	92	비교
45	讀	69	매번	93	묘사
46	席	70	양식	94	소극적
47	孫	71	美	95	정치
48	新	72	和	96	우주
49	竹	73	計	97	대응
50	油	74	作	98	가열
51	동등	75	友	99	面, 書
52	출발	76	窓	100	成, 家
53	무례	77	命→明		
54	실신	78	東→童		

연습문제<4> 답안

[객관식]

1	②	6	②	11	③	16	③	21	②	26	①
2	④	7	④	12	④	17	④	22	④	27	③
3	①	8	③	13	②	18	①	23	①	28	②
4	③	9	②	14	②	19	③	24	③	29	④
5	①	10	①	15	①	20	②	25	②	30	①

[주관식]

번호	답	번호	답	번호	답
31	털 모	55	애견	79	草綠
32	차례 번	56	등식	80	通話
33	놈 자	57	도장	81	命中
34	읽을 독	58	개발	82	首弟子
35	맑을 청	59	공석	83	形色
36	약할 약	60	문병	84	존중
37	조개 패	61	활용	85	지진
38	걸음 보	62	명백	86	환경
39	절반 반	63	두건	87	계산
40	빛 광	64	양약	88	비교
41	冬	65	다행	89	곡선
42	成	66	민족	90	경험
43	野	67	주간	91	정보
44	朝	68	표면	92	역할
45	秋	69	동시	93	건국
46	英	70	교감	94	근면
47	省	71	聞	95	구분
48	昨	72	放	96	사회
49	米	73	部	97	여가
50	郡	74	急	98	규칙
51	육체	75	對	99	死, 生
52	가업	76	和	100	方, 美
53	교습	77	新→神		
54	목례	78	道→度		

연습문제<5> 답안

[객관식]

1	①	6	①	11	④	16	②	21	③	26	②
2	③	7	③	12	②	17	④	22	①	27	④
3	③	8	①	13	③	18	①	23	④	28	①
4	②	9	④	14	①	19	③	24	②	29	④
5	④	10	②	15	④	20	②	25	③	30	②

[주관식]

31	머리 두	55	보행자	79	道路
32	빠를 속	56	급사	80	名勝地
33	말씀 화	57	청춘	81	病問安
34	친할 친	58	실수	82	書信
35	사라질 소	59	황금	83	所感
36	이로울 리	60	별세	84	경제
37	통할 통	61	심리	85	소극적
38	언덕 원	62	공백	86	지구촌
39	귀신 신	63	출발	87	선거
40	사귈 교	64	개방	88	묘사
41	銀	65	광명	89	반도체
42	勇	66	구호	90	가열
43	會	67	근본	91	암석
44	題	68	녹색	92	사법부
45	運	69	답례	93	자유
46	新	70	약초	94	분포
47	愛	71	直	95	창의적
48	食	72	樂	96	첨단
49	各	73	萬	97	투자
50	後	74	詩	98	비례식
51	유전	75	族	99	見, 物
52	임야	76	身	100	命, 在
53	성품	77	堂→當		
54	차창	78	刀→圖		

모범 답안

기출문제<1> 답안

[객관식]

1	③	6	④	11	③	16	②	21	③	26	②
2	①	7	②	12	②	17	①	22	④	27	③
3	④	8	③	13	①	18	④	23	①	28	①
4	②	9	①	14	④	19	①	24	③	29	④
5	①	10	④	15	③	20	③	25	④	30	②

[주관식]

번호	답	번호	답	번호	답
31	법 식	55	노선	79	山村
32	걸음 보	56	원대	80	世界
33	조개 패	57	공명	81	羊毛
34	꽃부리 영	58	공감	82	子音
35	자리 석	59	모친	83	科目
36	처음 시	60	황토	84	첨단
37	놓을 방	61	학업	85	축척
38	고을 군	62	실수	86	인상
39	읽을 독	63	혈족	87	역할
40	그림 도	64	야합	88	이상
41	各	65	용사	89	사회
42	魚	66	동창	90	세금
43	病	67	발족	91	질서
44	神	68	미남	92	분류
45	米	69	대답	93	기준
46	命	70	야간	94	공정
47	習	71	身	95	연상
48	示	72	用	96	긍정
49	昨	73	形	97	태양계
50	在	74	首	98	관광객
51	약수	75	交	99	作
52	거년	76	聞	100	言
53	개문	77	半→反		
54	평등	78	行→幸		

기출문제<2> 답안

[객관식]

1	③	6	④	11	②	16	①	21	④	26	①
2	④	7	②	12	③	17	③	22	③	27	④
3	①	8	①	13	①	18	②	23	①	28	①
4	③	9	④	14	③	19	④	24	②	29	②
5	②	10	①	15	④	20	③	25	④	30	④

[주관식]

번호	답	번호	답	번호	답
31	소리 음	55	원유	79	事業
32	죽을 사	56	명승	80	活氣
33	갈 거	57	작가	81	血色
34	다를 별	58	신문	82	重大
35	사라질 소	59	어육	83	昨年
36	옷/입을 복	60	양약	84	가열
37	사랑 애	61	통신	85	오염
38	없을 무	62	상경	86	해결
39	길 영	63	백미	87	정보
40	아름다울 미	64	교우	88	여가
41	開	65	단신	89	육지
42	刀	66	발명	90	장애
43	直	67	행운	91	상상
44	理	68	육성	92	각도
45	淸	69	방심	93	편지
46	田	70	손자	94	여행
47	才	71	利	95	단정
48	多	72	品	96	분수
49	竹	73	風	97	문화재
50	村	74	夜	98	강수량
51	용력	75	共	99	毛
52	의표	76	番	100	萬
53	당세	77	夕→席		
54	속독	78	第→題		

기출문제<3> 답안

[객관식]

1	③	6	④	11	②	16	②	21	③	26	④
2	②	7	②	12	④	17	①	22	④	27	③
3	④	8	①	13	①	18	③	23	②	28	①
4	①	9	③	14	②	19	①	24	①	29	②
5	②	10	①	15	③	20	④	25	②	30	④

[주관식]

31	괴로울 고	55	반성	79	放學
32	클 태	56	음식	80	圖書
33	빠를 속	57	화답	81	通話
34	살 활	58	가족	82	平等
35	익힐 습	59	수석	83	命中
36	으뜸 원	60	한양	84	표준어
37	피 혈	61	목례	85	타협
38	어제 작	62	정품	86	환경
39	순박할 박	63	황금	87	비교
40	낮 주	64	편안	88	문맥
41	信	65	풍향	89	기온
42	洋	66	청록	90	태도
43	聞	67	친애	91	적응
44	油	68	약자	92	미소
45	毛	69	명시	93	존중
46	半	70	단도	94	창의적
47	交	71	線	95	결과
48	用	72	式	96	경제
49	光	73	當	97	배경
50	言	74	發	98	박람회
51	대면	75	部	99	花
52	근대	76	讀	100	美
53	소실	77	寸→村		
54	승리	78	第→題		

한자사격시험 답안지

준3급~6급 응시자용

한국한자실력평가원

시행: 한국한자실력평가원

객관식 답안란

문항	답란
1	① ② ③ ④
2	① ② ③ ④
3	① ② ③ ④
4	① ② ③ ④
5	① ② ③ ④
6	① ② ③ ④
7	① ② ③ ④
8	① ② ③ ④
9	① ② ③ ④
10	① ② ③ ④
11	① ② ③ ④
12	① ② ③ ④
13	① ② ③ ④
14	① ② ③ ④
15	① ② ③ ④
16	① ② ③ ④
17	① ② ③ ④
18	① ② ③ ④
19	① ② ③ ④
20	① ② ③ ④
21	① ② ③ ④
22	① ② ③ ④
23	① ② ③ ④
24	① ② ③ ④
25	① ② ③ ④
26	① ② ③ ④
27	① ② ③ ④
28	① ② ③ ④
29	① ② ③ ④
30	① ② ③ ④

※ 답안지 작성요령

1. 객관식 답은 해당답변훈에 검정색 페으로 표기
   - 바른표기 예: ●
   - 틀린표기 예: ⊙ ⊘ ⊗
2. 객관식 답을 수정할 때는 수정테이프를 사용
3. 주관식 답을 수정할 때는 두줄로 긋고 작성
4. 본 답안지를 구기거나 훼손하지 마시오.

주관식 답안란

문항	주관식 답안란	채점
31		○
32		○
33		○
34		○
35		○
36		○
37		○
38		○
39		○
40		○
41		○
42		○
43		○
44		○
45		○
46		○
47		○
48		○
49		○
50		○

※ 주관식 51 ~ 100번 답안란은 뒷면에 있음.

응시자

- 회차: 제 회
- 응시등급: 준3급 / 4급 / 준4급 / 5급 / 준5급 / 6급
- 감독관 확인
- (서명)
- 성명
- 수험번호
- 생년월일
- 채점위원확인란 (응시자표기금지)
  - (초검)
  - (재검)